JN426359

인간과 AI의 사랑

AI총서

인공지능 시대입니다. 기계가 인간의 인지를 대신하고, 사물이 인간을 통하지 않고 다른 사물과 직접 커뮤니케이션합니다. 이에 따른 인간 삶과 문명 변화를 정확히 이해 · 예측 · 대응하는 것은 이 시대 우리 모두의 과제입니다. AI총서는 인공지능 기술과 환경의 여러 주제를 10가지 키워드로 정리합니다. 관련 개념과 이론, 학계와 산업계의 쟁점, 우리 일상의 변화를 다룹니다. 인간과 기술의 현재, 미래를 세심히 분석합니다.

일러두기

- 인명, 작품명, 저서명, 개념어 등은 한글과 함께 괄호 안에 해당 국가의 원어를 병기했습니다.
- 외래어 표기는 현행 어문규정의 외래어표기법을 따랐습니다.

처음이세요?

전문가세요?

지금, 큐알 찍으면

- AI 입문서 바로 선물
- 당신만의 필독서 추천
- 500권 요약본 공짜
- 오디오북 무료 사용

인간과 AI의 사랑

천현순

대한민국, 서울, 커뮤니케이션북스, 2025

인간과 AI의 사랑

지은이 천현순
펴낸이 박영률

초판 1쇄 펴낸날 2025년 11월 13일

커뮤니케이션북스(주)
출판 등록 2007년 8월 17일 제313-2007-000166호
02880 서울시 성북구 성북로 5-11
전화(02) 7474 001, 팩스(02) 736 5047
commbooks@commbooks.com
www.commbooks.com

ISBN 979-11-430-1430-6 03500

책값은 뒤표지에 표시되어 있습니다.

차례

인공지능(AI)으로 변해 가는 사랑의 지형도

사랑의 진화

사랑은 인간의 가장 근원적인 감정이다. 그리스 신화 속 에로스와 프시케의 사랑, 중세 전설 속 트리스탄과 이졸데의 사랑, 근대 문학 속 로미오와 줄리엣의 사랑 등 사랑은 인류의 역사와 함께 발전해 왔다. 그리스 신화에서 에로스는 프시케의 아름다움에 반하여 사랑에 빠진다. 에로스는 사랑하는 프시케와 영원히 함께 있고자 그녀와 결혼한다. 중세 전설에서 아서왕의 기사 트리스탄과 왕비 이졸데는 실수로 사랑의 묘약을 나눠 마시고 거역할 수 없는 사랑에 빠진다. 트리스탄이 부상으로 죽게 되자, 이졸데 왕비도 그를 따라 죽음으로써 영원한 사랑을 이룬다. 셰익스피어의 작품에서 줄리엣도 로미오를 따라 죽음으로써 영원한 사랑을 완성한다.

그러나 현대에 들어오면서 인간의 사랑이 변하고 있다. 여기에 덧붙여 21세기 인공지능의 등장은 사랑에 대한 기존의 인식을 변화시키고 있다. 인간 세상에는 크게 세 가지 종류의 사랑이 있다고 한다. 부모와 자식 간의 사랑, 남녀 간의 사랑, 신과 인간의 사랑이 그것이다(권석만, 2022). 이 가운데 이 책에서 탐구하려는 것은 남녀 간의 로맨틱한 사랑이다. 부모에게 자식을 대체하는 인공지능은 불가능할 것이다. 마찬가지로 인간에게 신을 대체하는 인공지능도 불가능할 것이다. 이에 반해 남녀 간의 사랑에서 남자 또는 여자는 점차 인공지능으로 대체될 것으로 보인다.

지금까지 신화, 전설, 문학에서는 남녀 간의 영원한 사랑이 가장 아름다운 사랑으로 주로 묘사되었다. 그러나 21세기 오늘날에는 남녀 간의 영원한 사랑은 비현실적인 주제가 되어가고 있다. 인간의 사랑은 시간, 공간, 대상의 측면에서 모두 변하고 있다. 현대에 들어와서 사랑이 지속되는 시간은 더욱 짧아지고 있다. 오늘날 젊은 이들의 사랑은 몇 개월 정도밖에 유지되지 않는다고 한다. 또한 사랑을 나누는 공간도 오프라인에서 온라인으로 점점 옮겨가고 있다. 오늘날 젊은이들은 실제로 만나지 않고 인터넷을 통해 온라인 데이트나 사이버 섹스를 즐긴다. 또한 사랑을 나누는 대상도 다양하다. 남자가 여자를 사랑하기도 하고, 남자가 남자를, 또는 여자가 여자를 사랑하기도 한다.

비인간 존재와의 사랑

그러나 인간의 사랑은 언제나 인간만을 대상으로 할까? 사랑이란 나와 대상 간에 끌리는 마음 현상이다. 이 때문에 사랑의 대상이 반드시 인간일 필요는 없다. 고대부터 현대까지 인간의 사랑은 인간만을 대상으로 하지 않았음을 알 수 있다. 사랑의 대상도 시대에 따라, 또 기술의 발전에 따라 끊임없이 변하고 있다. 우리는 기술의 발전에 따라 사랑의 대상이 변화됐음을 신화, 문학, 영화에 나타난 인간과 비인간 존재와의 사랑을 통해 엿볼 수 있다.

그리스 신화에 등장하는 키프로스의 조각가 피그말리온은 그의 나라에 있는 여자들을 혐오한 나머지 혼자 살기로 결심한다. 외로움을 느낀 그는 빼어난 조각 기술을 이용해서 살아있는 여자보다 더 아름다운 소녀 조각상을 만들어 낸다. 피그말리온은 자신이 만든 조각상의 아름다움에 반하여 사랑에 빠진다. 그의 상상 속에서 조각상은 마치 살아있는 여자처럼 느껴졌다. 그래서 그는 조각상에 때로는 아첨하고, 때로는 소녀들이 좋아하는 조개껍질을 선물해 주고, 옷을 입혀 주고, 목에 목걸이도 걸어 주었다. 피그말리온은 조각상을 너무도 사랑한 나머지 비너스 축제일에 조각상을 꼭 닮은 여자를 아내로 맞이하게 해 달라고 간절히 기도하였다. 그의 기도를 들은 비너스 여신은 조각상을 살아있는 여자로 변하게 하여 그의 아내가 되게 하였다.

18세기 유럽은 근대 과학기술의 발전으로 자동인형의 전성기를 이루었다. 1738년 프랑스의 발명가 자크 드 보캉송(Jacques de Vaucanson)은 '플루트를 연주하는 자동인형'을 제작하여 큰 화제를 불러일으켰다. 보캉송의 자동인형은 인간처럼 즉석에서 플루트를 연주해 보임으로써 놀라움을 자아내었다. 보캉송에 이어 헝가리의 발명가 볼프강 폰 켐펠렌(Wolfgang von Kempelen)은 1769년에 '체스 두는 자동인형'을 제작하여 세상을 놀라게 하였다. 켐펠렌의 자동인형은 튀르키예 복장을 착용한 채 인간처럼 손, 머리, 눈동자를 자유롭게 움직일 뿐 아니라 인간을 상대로 체스를 둘 수 있었다. 또 1774년에는 스위스의 시계 기술자 피에르 자크 드로(Pierre Jaquet-Droz)가 다양한 자동인형들을 제작하여 사람들을 놀라게 하였다. 드로의 자동인형들에는 '글을 쓰는 자동인형', '그림을 그리는 자동인형', '피아노를 연주하는 자동인형' 등이 있다. 각 인형의 몸속에는 태엽과 톱니바퀴 등 정교한 기계 장치가 들어 있어, 스스로 움직일 수 있도록 제작되었다. '글을 쓰는 자동인형'은 펜촉에 잉크를 묻혀 가면서 짧은 문장을 써 보였으며, '그림을 그리는 자동인형'은 연필을 사용해서 그림을 그렸다. 또 '피아노를 연주하는 자동인형'은 손가락을 움직여 피아노를 연주할 뿐 아니라, 눈동자와 머리를 움직이면서 숨을 내쉬었기 때문에 마치 살아있는 인간처럼 보였다.

독일의 작가 장 파울(Jean Paul)이 1789년에 발표한 풍자 소설 〈내가 오래전에 발명해서 결혼한 새롭고도 호감 가는 나무 부인의 단순하지만 호의적인 전기(Einfältige aber gutgemeinte Biographie einer neuen angenehmen Frau von bloßem Holz, die ich längst erfunden und geheiratet)〉는 18세기 유럽에서 인기를 끌었던 자동인형에 영향을 받아 창작되었다. 작품에서 일인칭 화자는 자신이 만든 나무 인형과 48년 동안 결혼해서 살고 있다고 말하면서 어떻게 해서 "그처럼 훌륭한 부인"을 발명하게 되었는지를 이야기한다. 성경의 창세기에서 하느님이 아담의 갈비뼈를 이용해서 이브를 창조한 것처럼, 화자는 오래된 모세의 나무 조각상을 이용해서 살아있는 여성보다 더 아름다운 나무 인형을 창조한다. 18세기 로코코 시대에는 잘 정돈된 치아, 하얀 피부, 창백한 혈색 등이 여성의 아름다움을 평가하는 기준으로 이해되었다. 화자는 그의 나무 인형은 이러한 미의 기준을 완벽하게 갖추고 있어서 인간 여성보다 더 아름답다고 주장한다. 또 그는 나무 인형은 인간 여성보다 더 아름답게 옷을 입을 수 있다고 주장한다. 살아있는 여성은 매일 매일 음식을 섭취하기 때문에 아름답게 옷을 입는 데 한계가 있지만, 나무 인형은 먹지 않기 때문에 365일 아름답게 옷을 입을 수 있다는 것이다. 또 나무 인형은 인간 여성보다 더 뛰어난 침묵의 미덕을 갖추고 있다고 주장한다. 살아있는 여성은 말이 많아서 실수를 많이 하지만, 말하지 못하는 나무 인형은 말로 인한 실수가 없어서 언제나 침묵의 미덕을 보여준다는 것이다. 화자는 이러한 나무 인형의 아름다움에 반하여 사랑에 빠진다. 그는 나무 인형과의 정신적 사랑은 가능하다고 말한다. 왜냐하면 외형적 아름다움은 곧 내적 아름다움을 보여주는 것이고, 내적 아름다움에 대한 상상력은 다시 정신적 사랑을 불러일으키기 때문이다. 화자는 나무 인형과의 정신적 사랑은 인간 여성보다 더 오래 지속될 수 있다고 주장한다. 인간 여성의 외형적 아름다움은 일시적인 데 반해, 나무 인형의 외형적 아름다움은 영원히 지속될 수 있기 때문이다. 그러나 작품의 마지막에서 나무 인형의 몸은 결국 나무 벌레에 의해 파괴된다. 이로써 나무 인형의 외형적 아름다움이 영원히 지속될 수 있다는 화자의 주장은 헛된 것으로 끝난다.

또 독일 작가 에.테.아. 호프만(E. T. A. Hoffmann)이 1816년에 발표한 단편 소설 《모래사나이(Der Sandmann)》에 등장하는 자동인형 올림피아는 스위스의 시계 기술자 피에르 자크 드로의 '피아노를 연주하는 자동인형'을 모델로 한 것임을 알 수 있다. 호프만의 소설에서 올림피아는 몸속에 부착된 기계 장치를 통해 스스로 움직이는 자동인형으로 묘사된다. 올림피아는 숙련된 솜씨로 피아노를 연주하고, 청아한 목소리로 아리아를 부르며, 정확한 박자에 맞춰 춤을 출 수 있다. 주인공 나타나엘이 망원경을 통해 올림피아의 눈을 쳐다볼 때마다 그녀도 열망하는 듯한 눈길로 그를 바라본다. 이런 올림피아에게 나타나엘은 사랑에 빠지고 만다. 그에게 있어서 올림피아는 생기로 가득 찬 살아있는 여성인 것이다. 또 나타나엘은 그의 약혼녀 클라라를 "생명 없는 자동인형"으로 생각하는 데 반해, 올림피아는 "숭고한 천상의 여인"으로 생각한다. 이러한 그의 인식은 이들과의 관계에서 비롯된다. 나타나엘이 자신이 쓴 시를 읽어 주면, 약혼녀 클라라는 뜨개질하면서 딴짓을 한다. 그런 다음 그녀는 나타나엘에게 무의미하고 동화 같은 이야기를 불태워버리라고 충고한다. 이에 반해 올림피아는 나타나엘의 모든 작품을 몇 시간 동안이나 열심히 경청한다. 클라라와 달리 올림피아는 수를 놓거나 뜨개질도 하지 않고, 창문을 내다보지도 않으며, 강아지나 고양이와 놀지도 않고, 하품도 하지 않는다. 또 클라라가 그의 작품에 대해 비난한 것과 달리 올림피아는 – 말을 하지 못하기 때문에 – 그의 작품에 대해 "아, 아!"라고 감탄사만 반복한다. 이 때문에 나타나엘은 자기 자신은 오로지 올림피아를 통해서만 이해받는다고 생각한다. 그는 사랑하는 올림피아와 언제나 함께 있고자 그녀와 결혼하기로 결심한다. 그래서 그는 어머니께서 주신 반지를 가지고 올림피아에게 청혼하기 위해 달려간다. 그러나 올림피아에 대한 사랑의 열망은 그녀가 인간이 아닌 인형이라는 사실이 밝혀지면서 산산이 부서진다. 올림피아가 생명 없는 나무 인형이라는 사실은 결국 나타나엘을 정신착란과 죽음에 이르게 한다.

19세기 후반은 전기, 사진, 축음기의 시대로 알려져 있다. 또한 이 시기는 '멘로 파크의 마법사'로 알려진 미국의 발명가 토머스 에디슨(Thomas Edison)이 활약했던 시기이기도 하다. 이 시기에 에디슨이 발명한 '말하는 인형'은 전 세계적으로 획기적인 선풍을 불러일으켰다. 인형의 몸속에는 에디슨이 발명한 소형 축음기가 설치

되어 있어서 레버를 돌려주면 인형이 말을 하기도 하고 노래도 불렀다.

프랑스의 작가 오귀스트 빌리에 드 릴아당(Auguste Villiers de L'Isle Adam)이 1886년에 발표한 SF 소설《미래의 이브(L'Eve future)》는 토머스 에디슨을 모델로 한 천재 발명가가 만들어 낸 안드로이드에 관한 이야기를 다룬다. 소설에서 발명가 에디슨의 집에 어느 날 그의 영국 친구인 에왈드 경이 찾아온다. 에왈드는 아름다운 외모와 천상의 목소리를 가진 알리시아라는 여인을 사랑한다. 하지만 그녀가 뱉어내는 말은 천박하고 저속해서 죽고 싶어질 정도로 그를 고통스럽게 한다. 친구의 고통을 들은 에디슨은 그에게 아달리라는 이름의 안드로이드를 만들어준다. 아달리는 페르시아어로 '이상'을 뜻한다. 하느님이 아담을 위해 이브를 창조한 것처럼, 에디슨은 과학의 힘을 이용해서 그의 친구를 위해 미래의 이브를 창조한다. 릴아당의 소설은 인간 여성 알리시아와 완벽하게 닮은 안드로이드 아달리를 과학적으로 창조하는 방법에 대해 상세히 묘사한다. 에디슨은 사진술을 이용해서 알리시아의 아름다운 외모를 그대로 복사하고, 축음기를 이용해서 그녀의 천상의 목소리를 그대로 담아내고, 또 전기를 이용해서 아달리를 살아 움직이도록 만든다. 이렇게 해서 아달리는 모든 남성이 갈망하는 이상적인 완벽한 여성으로 완성된다. 후에 에왈드는 아달리가 인간이 아닌 안드로이드라는 사실을 알게 된다. 그럼에도 그는 영혼과 육체가 완벽한 조화를 이룬 그녀의 아름다움에 반하여 사랑에 빠지고 만다. 그는 사랑하는 아달리와 언제나 함께 있기로 결심한다. 그래서 아달리를 상자 속에 넣은 후 배를 타고 영국으로 떠난다. 그러나 그가 탄 배가 영국으로 가던 중에 침몰해서 상자 안에 넣어둔 아달리를 잃어버리고 만다. 천상의 여인을 잃어버린 에왈드는 끝내 슬픔을 견디지 못하고 스스로 목숨을 끊는다.

21세기 오늘날에는 인공지능이 전성기를 이루고 있다. 인공지능이 등장하면서 문학과 영화에서는 인간과 인공지능의 사랑 이야기가 주요 주제로 다뤄지고 있다. 이 책에서 살펴볼 〈그녀(Her)〉, 〈아임 유어 맨(Ich bin dein Mensch)〉, 〈조(Zoe)〉, 〈바이센테니얼 맨(Bicentennial Man)〉 등이 이에 속한다.

그러나 오늘날 인간과 인공지능의 사랑은 문학이나 영화 속 이야기만은 아니다. 이 책에서 살펴보듯이, 오늘날에는 실제로 인공지능과 사랑에 빠져 결혼하는 사람들이 점점 늘고 있다. 이러한 사례들은 인공지능과의 사랑이 문학이나 영화 속 상상이 아니라 실제 현실이 되어가고 있음을 보여준다.

외로운 사람들과 인공지능

21세기에 들어와서 인공지능과 사랑에 빠지는 사람들이 점점 늘어나는 이유는 무엇 때문일까? 이는 인공지능 기술의 발전 이외에도 우리 사회의 변화와도 밀접히 연관되어 있다. 이에 대한 이유 가운데 하나는 외로움 때문일 것이다. 영국의 경제학자 노리나 허츠(Noreena Hertz)는 그녀의 책 《고립의 시대(The Lonely Century)》(2020)에서 우리가 살고 있는 21세기를 가장 외로운 세기로 정의한다(허츠, 2021). 특히 2020년 코로나 팬데믹 이후로 외로움은 전 세계적으로 나타나는 심각한 사회적 문제로 대두되고 있다. 유럽의 경우 독일인의 3분의 2 정도가 외로움을 심각한 문제라고 보았으며, 네덜란드 국민의 3분의 1이 자신이 외롭다고 했으며, 스웨덴에서는 인구의 최대 4분의 1이 자주 외롭다고 했고, 스위스에서는 다섯 명 가운데 두 명이 가끔, 자주 또는 항상 외로움을 느낀다고 응답했다고 한다(허츠, 2021). 또 영국에서는 여덟 명 가운데 한 명이 의지할 수 있는 가까운 친구가 단 한 명도 없다고 응답했으며, 영국 직장인 가운데 60%

가 직장에서 외로움을 느낀다고 응답했다고 한다(허츠, 2021).

외로움은 유럽만이 아니라 아시아에서도 나타나는 사회적 문제다. 일본에서는 지난 20년 동안 65세 이상 노인들의 범죄 건수가 4배로 급증했으며, 이들 가운데 5년 내에 재범을 저지를 확률이 70%라고 한다(허츠, 2021). 노인들이 범죄를 저지르는 가장 큰 이유는 사회적 고립에서 벗어나기 위해 감옥을 선택하기 때문이라는 것이다. 감옥에 갈 목적으로 범죄를 저지르는 노인들 가운데 40%가 가족과 거의 대화하지 않거나 가족이 아예 없고, 또 이들은 감옥에 들어가기 전까지 혼자 살았던 것으로 조사되었다고 한다(허츠, 2021). 이와 맞물려 감옥에 들어간 노인들 가운데 다수가 감옥을 일종의 공동체를 경험할 수 있는 장소로 생각한다는 것이다. 즉 이들에게서 감옥은 누군가와 대화를 나눌 수 있어서 외롭지 않은 일종의 안식처로 여겨진다.

외로움은 비단 노인들에게서만 나타나는 현상은 아니다. 오늘날 젊은이들은 심각한 외로움에 시달린다고 한다. 허츠에 따르면, 영국에서는 18세에서 34세까지의 연령층 가운데 다섯 명 중 세 명이, 또 10세에서 15세까지의 아동과 청소년 가운데 거의 절반이 자주 또는 가끔 외로움을 느낀다고 응답했다고 한다(허츠, 2021). 미국에서는 2000년대에 태어난 젊은 층에서 다섯 명 가운데 한 명 이상이 친구가 한 명도 없는 것으로 조사되었다고 한다(허츠, 2021).

허츠에 따르면, 오늘날 전 세계인이 느끼는 외로움의 이면에는 단순히 남과 가까워지고 싶은 소망 이상의 의미가 담겨 있다. 즉 외로움의 이면에는 누군가 내 말을 들어주고, 나를 바라봐 주며, 나에게 관심을 가져 주기를 바라는 욕구가 숨어 있다는 것이다. 특히 코로나 팬데믹 이후로 비대면 접촉이 일반화되면서 현대인은 그 어느 때보다 고립감과 외로움을 많이 느낀다. 노인이든 젊은 사람이든, 남성이든 여성이든 외로운 사람들은 자신의 말을 들어주고, 자신의 외로움을 달래줄 동반자적 관계를 그리워한다.

오늘날 인공지능 기술은 현대인이 느끼는 외로움을 해소하는 데 적극적으로 활용되고 있다. 전 세계 인공지능 개발사들은 외로운 사람들에게 가족이나 친구, 심지어 애인이 되어줄 동반자 로봇을 개발하는 데에 박차를 가하고 있다. 이에 따라 동반자 로봇의 생산량은 점점 증가하고 있는 추세다.

세계 최초로 인간의 감정을 읽는 가정용 로봇은 2014

년 일본의 소프트뱅크사에서 개발된 '페퍼(Pepper)'로 알려져 있다. 페퍼는 신장 1.21m, 체중 28kg의 어린아이만 한 크기의 휴머노이드 로봇이다(이동훈, 2014.8). 페퍼는 인간과 의사소통이 가능할 뿐 아니라 물건을 집고, 악수하고, 춤을 출 수 있으며, 또 머리에 장착된 4대의 마이크와 2대의 카메라를 통해 자신의 주변 상황을 스스로 인식하고, 이에 맞게 반응할 수 있다(이동훈, 2014.8). 페퍼의 가장 큰 장점은 인간의 감정을 인식할 수 있다는 점이다. 페퍼는 몸에 장착된 카메라와 마이크, 센서 등을 통해 얼굴 표정과 음성 등을 인식해서 인간의 감정 상태를 파악할 수 있다. 이 때문에 페퍼는 사용자가 기분을 직접 말하지 않아도 기쁜지 우울한지를 감지하고, 이에 맞게 행동한다(이동훈, 2014.8). 페퍼는 감정 상태를 파악할 수 있어서 인간과 정서적 교감이 가능하다. 현재 이 로봇은 일본에서 주로 간병 시설이나 요양 시설에서 노인들을 위한 동반자 로봇으로 활용되고 있다.

미국에서 개발된 가정용 로봇으로는 MIT 대학의 신시아 브리질(Cynthia Breazeal) 박사가 개발한 '지보(Jibo)'가 있다. 브리질 박사는 지보를 개발한 목적에 대해 "로봇과 가정의 가교 역할을 가능하게 하기 위해서"라고 말한다(로봇신문, 2015.3.24. 재인용). 지보는 높이 28cm,

무게 2.7kg의 탁상용 로봇으로 제작되었다. 지보는 몸에 장착된 고해상 카메라를 통해 사람의 얼굴을 인식할 뿐 아니라 화상 채팅이 가능하며, 또 가족의 사진을 찍어주기도 한다(로봇신문, 2015.3.24).

페퍼나 지보와 달리, 2025년 미국 라스베이거스에서 열린 기술박람회(Consumer Electronics Show, CES)에서 선보인 '아리아(Aria)'는 인간과 외형적으로 완벽하게 닮은 안드로이드 로봇이다. 미국의 리얼보틱스사에서 개발된 아리아는 인간의 외로움을 달래줄 목적으로 제작된 가장 최신형 동반자 로봇으로 알려져 있다. 아리아는 키가 155cm이고, 얼굴 생김새와 피부 촉감이 인간과 매우 유사하게 제작되었다(김태종, 2025.1.10). 무엇보다도 아리아의 가장 큰 특징은 생성형 인공지능이 탑재되어 있어서 인간과 자연스러운 대화가 가능하다는 점이다. 아리아는 상대방의 말을 이해할 뿐 아니라, 이에 맞게 대답하고 반응할 수 있다. 따라서 사용자는 아리아와 "같이 영화나 TV를 보고 이에 대해서 대화도 할 수 있다"(김태종, 2025.1.10. 재인용). 또한 아리아는 대화할 때 상대방과 시선을 맞추기 위해 눈동자를 움직이고, 사람처럼 자연스럽게 팔을 움직이거나 손가락을 움직이는 제스처를 취할 수 있다(김태종, 2025.1.10). 개발자 매트 맥멀렌(Matt McMullen)은 한 인터뷰에서 아리아를 제작한 목적에 대해 다음과 같이 말한다. "외로운 사람들은 누군가와 연결되기를 원하는데 스크린을 통해서만 그 결실을 얻을 수 있는 것은 아닙니다. 인간을 닮은 로봇 기술이 그런 상호작용의 통로가 될 수 있다고 생각합니다"(YTN 사이언스, 2025.1.6. 재인용). 인간의 감정, 표정, 움직임, 성격 등을 모방한 이와 같은 유형의 동반자 로봇이 어떤 사람들에게는 불안과 불쾌감을 줄 수 있고, 또 어떤 사람들에게는 놀라움과 경탄을 자아내게 할 수도 있다. 여기서 한 가지 분명한 것은 기술이 발전할수록 인간과 로봇의 경계는 더욱 모호해질 것이라는 점이다.

인간과 인공지능 로봇의 동반자적 관계는 크게 다음과 같은 세 가지 이유에서 앞으로 더욱 가속화될 것으로 전망된다. 첫째, 한 조사 업체에 따르면, 글로벌 동반자 로봇 시장 규모는 2024년에 약 12억 2000만 달러에 달했고, 2033년까지 548억 달러에 달할 것으로 전망되며, 2025년에서 2033년 사이에 연간 성장률이 약 17.6%로 증가할 것으로 예상된다고 한다(https://www.businessresearchinsights.com/ko/market-reports/companion-robots-market-119093). 여기에 덧붙여 기술의 발전에 따라 인공지능 로봇은 인간과 자연스러운 대화뿐 아니라 정서적 교감을 한층 더 정교하게 나눌 수 있을 것으로 예상된다. 또한 인공지능 로봇의 외형도 점점 더 인간을 닮아가고 있어서 사용자들에게 더욱 친밀감을 줄 것으로 보인다.

둘째, 오늘날 젊은 세대들은 스마트폰이나 소셜 미디어에 익숙해져서 인공지능 로봇을 가족이나 친구, 또는 애인으로 삼는 데 거부감이 적을 것으로 보인다. 특히 어렸을 때부터 스마트폰이나 컴퓨터에 익숙한 아이들은 인공지능 로봇에 대한 거부감이 상대적으로 적다. 미국의 사회심리학자 셰리 터클(Sherry Turkle)에 따르면, 아이들은 인간처럼 말하고 감정을 가진 로봇을 '충분히 살아 있다'고 생각한다(터클, 2012). 즉 아이들은 자신과 대화하면서 감정을 나누는 로봇을 인간처럼 살아있다고 생각한다는 것이다. 이로 미루어 볼 때, 아이들은 '충분히 살아있다'는 표현을 생물학적 척도가 아닌 관계적 척도에 근거해서 생각하고 있음을 알 수 있다(터클, 2012). 이런 아이들이 성장해서 인공지능 로봇을 자연스럽게 인간을 대체하는 동반자로 삼을 가능성은 매우 높아 보인다.

셋째, 우리 사회는 1인 가구의 증가로 앞으로 초솔로 사회로 진입할 것으로 전망된다. 초솔로 사회의 도래는 고립감과 외로움을 느끼는 사람들이 더 많이 늘어난다는 것을 의미한다. 일본의 경우 2035년에 15세 이상 인구 가운데 독신자 비율이 48%에 육박할 것으로 전망한다(아라카와, 2018). 이는 즉 2035년에는 일본 인구의 절반이 솔로가 된다는 것을 의미한다. 일본의 상황과 비슷하게 한국도 2035년에 초솔로 사회로 진입할 것으로 예상된다. 통계청 자료에 따르면, 2035년에 한국인 네 명 가운데 한 명은 평생 독신으로 지낼 것이라고 한다(아라카와, 2018). 요즘에 유행하고 있는 혼밥, 혼술 등 나홀로 문화의 등장은 우리 사회가 초솔로 사회로 진입해 가고 있음을 여실히 보여준다. 우리나라에서 '먹방' 프로그램이 인기를 끄는 이유도 외로움의 문제와 연관되어 있음을 알 수 있다. 사람들은 혼자 밥을 먹을 때 가장 외로움을 느낀다고 한다. 먹방에서 다른 사람이 먹는 것을 관람하면서 혼자 밥을 먹는 외로움을 잠시나마 달랠 수 있다. 이와 같은 추세에 따라 초솔로 사회에서 고립감과 외로움을 느끼는 사람들이 자신의 외로움을 달래줄 인공지능 로봇을 동반자로 삼을 가능성은 높아 보인다. 앞으로 인공지능이 일상생활에 보편화되면, 인공지능 로봇과 동거할 가능성은 한층 더 높아질 것으로 예상된다.

초솔로 사회에서 인공지능 로봇과의 동반자적 관계는

어쩌면 피할 수 없는 현실의 문제로 대두될 것으로 보인다. 이런 점에서 우리는 인간과 인공지능의 관계에서 발생할 수 있는 사랑의 의미에 대해 성찰할 필요가 있다. 인공지능도 인간처럼 사랑할 수 있을까? 또 인간과 인공지능의 사랑은 진실할 수 있을까? 인공지능과의 사랑이 우리에게 의미하는 것은 무엇일까? 이러한 물음들에 대해 우리는 한 번쯤 고민할 필요가 있다. 이러한 물음들은 21세기 인공지능 시대에 언제든지 제기될 수 있는 근본적인 물음들이기 때문이다.

책의 구성

이 책은 인간과 인공지능의 사랑과 연관된 10개의 주제로 구성되어 있다. 1장에서 4장까지는 사회적이고 이론적인 배경에 대한 것이고, 5장에서 7장까지는 SF 영화에 대한 분석이고, 8장에서 9장까지는 실제 사례에 대한 분석이며, 10장은 인간과 인공지능의 공생 가능성 문제를 거시적으로 탐색한다.

1장에서는 인간의 반려 문화에 대해 살펴본다. 오늘날 반려동물은 인간의 중요한 가족 구성원으로 이해되고 있다. 그러나 미래에는 동물의 자리에 인공지능이 인간의 반려자로 등장할 것으로 보인다. 이 장에서는 인공지능의 등장으로 반려 문화가 동물에서 인공지능으로 변화되어 가는 과정을 전망하면서 인공지능을 하나의 인격체로 받아들일 수 있는지를 동물의 경우를 통해 살펴본다. 2장에서는 사랑 담론에 대해 거시적으로 살펴보면서 인공지능이 사랑의 대상이 될 수 있는지를 검토한다. 3장에서는 인간과 인공지능의 감정에 대해 알아본다. 사랑은 인간의 가장 근원적인 감정이다. 이와 연관해서 인공지능도 인간처럼 사랑의 감정을 느낄 수 있는지를 알아본다. 4장에서는 미국의 여성주의 철학자 도나 해러웨이(Donna Haraway)가 제시한 반려종 관계와 소중한 타자성의 의미에 대해 알아본다. 해러웨이는 그녀의 책《반려종 선언(The Companion Species Manifesto)》(2003)에서 그녀의 반려견과의 개인적인 경험으로부터 출발하여 지구상에 존재하는 모든 종과의 관계 맺기를 통해 '소중한 타자성(significant otherness)' 개념을 확산시킨다. 이 장에서는 해러웨이가 동물을 대상으로 탐색한 반려종 관계와 소중한 타자성이 인간과 인공지능의 관계에도 적용될 수 있는지를 고찰한다. 5장에서는 미국의 영화감독 스파이크 존즈(Spike Jonze)의 SF 영화 〈그녀〉에 나타난 인간과 인공지능의 사랑에 대해 알아본다. 영화에서 인간은 시간과 공간에 묶여서 배타적 사랑을 추구하는 데 반해, 인공지능은 시공간을 벗어나서 초월적 사랑을 추구한다. 이 장에서는 서로 다른 존재 방식과 사랑을 추구하는 인간과 인공지능이 반려 관계를 유지할 수 있는지를 고찰한다. 6장에서는 독일의 영화감독 마리아 슈라더(Maria Schrader)의 SF 영화 〈아임 유어 맨〉에 나타난 인간과 인공지능 로봇의 사랑에 대해 알아본다. 영화에서 인간은 결핍된 존재로 묘사되는 데 반해, 인공지능 로봇은 이상적인 완벽한 존재로 묘사된다. 이 장에서는 서로 다른 존재적 가치를 가진 인간과 인공지능 로봇이 반려 관계를 유지할 수 있는지를 고찰한다. 7장에서는 미국의 영화감독 드레이크 도리머스(Drake Doremus)의 SF 영화 〈조〉와 크리스 콜럼버스(Chris Columbus)의 SF 영화 〈바이센테니얼 맨〉에 나타난 인간과 인공지능 로봇의 사랑에 대해 알아본다. 도리머스의 영화에서 인공지능 로봇은 자신을 만든 창조자를 사랑하게 되면서 인간 수준으로 진화한다. 또 콜럼버스의 영화에서 인간과 인공지능 로봇은 서로 사랑할 뿐 아니라 결혼도 가능한 것으로 그려진다. 이 장에서는 인간과 인공지능 로봇 간의 사랑의 조건이 무엇인지를 고찰한다. 8장에서는 오늘날 섹스 산업으로 급부상하고 있는 섹스 로봇의 문제를 살펴본다. 섹스 로봇과의 성관계는 한편으론 인간의 본능적인 성적 욕구를 자연스럽게 해소한다는 긍정적인 시각이 있는 반면에, 또 다른 한편으론 섹스 로봇은 여성의 신체를 상품화할 뿐 아니라 여성과의 관계를 오히려 어렵게 한다는 비판적인 시각이 팽팽히 맞서고 있다. 이 장에서는 섹스 로봇을 둘러싼 찬반 논의와 더불어 이 속에 함의된 문제점이 무엇인지를 알아본다. 9장에서는 인공지능과 사랑에 빠져 결혼한 사람들의 실제 사례들을 살펴본다. 이들의 사례는 인공지능과의 사랑은 이제 더 이상 영화 속 상상이 아니라 실제 현실이 되어가고 있음을 보여준다. 10장에서는 인간과 인공지능의 공생 가능성 문제를 거시적으로 고찰한다. 공생이란 인간과 인공지능이 함께 살아가는 것을 의미한다. 이런 점에서 공생의 전제 조건은 두 개체가 필요하며, 공생의 핵심은 이들 간의 관계 맺기다. 이 장에서는 관계의 철학적 의미와 더불어 인간과 인공지능의 관계 맺기에 대해 알아본다.

이 책의 4장, 5장, 6장은 저자의 논문 〈인간, 인공지능 그리고 사랑—SF 영화에 재현된 인간과 인공지능의 관계를 중심으로〉(《브레히트와 현대연극》 제47집, 2022년 8월)에서 일부 내용을 발췌하여 재구성한 것임을 밝혀 둔다.

참고문헌

권석만(2022). 《사랑의 심리학: 인간이 경험하는 세 종류의 사랑에 대하여》. 학지사.

김태종(2025.1.10). "CES 2025 눈 끔뻑이며 시선 맞추고 피부까지… 인간 로봇 '아리아'". 한국경제TV. https://www.wowtv.co.kr/NewsCenter/News/Read?articleId=AKR20250110005600091

로봇신문(2015.3.24). "소셜로봇 전성시대?". https://www.irobotnews.com/news/articleView.html?idxno=4590

이동훈(2014.8). "말하지~않아도 알~아요~ 감정을 읽는 로봇: 페퍼". 《Popular Science》, 80~81. https://www.dbpia.co.kr/pdf/pdfView.do?nodeId=NODE11820864

천현순(2012). "인간과 기계: 에.테.아. 호프만의 문학작품에 나타난 기계인간 모티브 연구". 《독어독문학》, 53(2), 223~247쪽.

천현순(2019). "인간 여성 vs 비인간 여성: 장 파울의 풍자텍스트 〈나무부인의 단순한 전기〉에 나타난 이상화된 나무 인형을 중심으로". 《독일어문학》, 86, 115~143쪽.

YTN 사이언스(2025.1.6). "외로운 사람들… 로봇과 사랑에 빠질 수 있을까?". https://science.ytn.co.kr/program/view.php?mcd=0082&hcd&key=202501061656344149

노리나 허츠(2021). 《고립의 시대: 초연결 세계에 격리된 우리들》. 홍정인 옮김. 웅진지식하우스.

셰리 터클(2012). 《외로워지는 사람들: 테크놀로지가 인간관계를 조정한다》. 이은주 옮김. 청림출판.

아라카와 가즈히사(2018). 《초솔로사회: 2035년 인구 절반이 솔로가 된다》. 조승미 옮김. 마일스톤.

Business Research Insights.
https://www.businessresearchinsights.com/ko/market-reports/companion-robots-market-119093

01
인간과 인공지능의 반려 문화

인간의 반려 문화는 앞으로 동물에서 인공지능으로 확장될 것이며, 인공지능은 단순한 도구가 아니라 가족의 구성원이자 반려자로 자리 잡게 될 것이다. 동물과 달리, 인간과 인공지능의 관계는 언어를 통한 정신적 교감이 중심이 되어 사랑의 개념마저 변화시킬 것이다. 이와 연관해서 인공지능을 인격체로 받아들이는 시각이 필요해 보인다.

기후 위기와 인공지능?

반려 문화의 등장

인간의 반려 문화는 동물과의 동거로부터 시작된다. 농경시대부터 현재까지 인간과 동물의 관계는 크게 세 단계로 구분된다. 첫째는 가축의 단계다. 가축이란 특정한 목적을 위해 집에서 기르는 동물을 말한다. 농경사회에서 개나 고양이는 가축의 일종에 속했다. 개는 주로 사냥을 돕거나 집을 지키는 용도로 길러졌다. 또 고양이는 곡식 창고나 집 주변에서 서식하는 쥐들을 잡는 용도로 길러졌다.

두 번째는 애완동물의 단계다. 20세기 후반에 들어서면서 산업화 및 도시화로 인해 삶의 형태가 변화되었다. 이에 따라 개나 고양이는 집 밖에서 길러지는 단순한 가축이 아니라, 집 안에서 생활하는 애완동물로 인식되기 시작하였다. 애완동물에서 '애완(愛玩)'은 사랑하는 장난감을 의미한다. 개나 고양이는 애완동물로서 인간의 즐거움과 행복을 위해 존재하는 사랑스러운 놀이 파트너로 이해되었다.

세 번째는 반려동물의 단계다. 21세기에 들어서면서 저출산 및 1인 가구의 증가로 무자녀 가족이나 독신 가족이 늘어나게 되었다. 개나 고양이는 이들의 빈자리를 채워주고, 또 이들의 외로움을 달래주는 가족의 구성원으로 인식되기 시작하였다. 반려동물에서 '반려(伴侶)'는 인생의 파트너이자 반려자를 의미한다. 반려동물의 단계에서 동물은 인간과 함께 살아가면서 서로의 행복을 위해 공생하는 존재로 이해되고 있다. 오늘날 우리나라에서 반려동물과 공생하는 반려인 수는 대략 1500만 명에 달한다고 한다. 이러한 수치는 대략 한국인 다섯 명 가운데 한두 명은 반려동물과 함께 살아간다는 것을 의미한다.

동물에서 인공지능으로

농경시대부터 현재까지 인간과 동물의 관계가 변화되어 온 과정을 추적해 보면, 앞으로 인간과 인공지능의 관계를 어느 정도 유추해 볼 수 있다. 농경사회에서 개나 고양이가 가축의 의미로 이해된 것처럼, 초기 단계에서 인공지능은 인간의 목적을 위해 특정한 일을 수행하는 단순한 기계로 이해될 것이다. 두 번째 단계에서 개나 고양이가 애완동물로 인식된 것처럼, 이 단계에서 인공지능은 인간의 행복과 즐거움을 위해 존재하는 일종의 애완용 도구로 이해될 것이다. 세 번째 단계에서 개나 고양이가 반려동물로 이해된 것처럼, 이 단계에서 인공지능은 가족의 구성원으로서 인간과 함께 살아가는 반려자로 이해될 것이다.

그렇다면 우리 사회에서 인공지능에 대한 인식 수준은 어디쯤 와있을까? 현재 인공지능에 대한 인식 수준은 대략 초기 단계에서 중기 단계로 이행되는 과도기에 있는 것으로 보인다. 그러나 우리 사회는 빠르게 변하고 있다. 한편으론 인공지능 기술의 발전이 빨라지고 있으며, 또 다른 한편으론 1인 가구가 점점 증가하고 있다. 이러한 시대적인 상황에서 동물의 자리에 점차 인공지능이 인간의 반려자로 대체될 것으로 전망된다.

우리는 여기서 동물과 인공지능이 어떤 관계에 있는지 알아볼 필요가 있다. 프랑스의 철학자 르네 데카르트(René Descartes)는 그의 책 《방법서설(Discours de la méthode)》(1637)에서 동물은 기계와 똑같다는 동물기계론을 처음으로 주장하였다(데카르트, 1997). 데카르트에게 동물과 기계는 영혼이 없는 존재들로서 같은 범주에 속한다. 그는 또한 인간을 동물과 기계와 비교하면서 인간 신체는 동물과 유사하게 기계처럼 작동하지만, 동물이나 기계와 달리 인간은 영혼, 즉 정신을 소유하고 있다고 주장한다. 데카르트에 따르면, 인간이 정신을 소유하고 있다는 증거는 두 가지 사실로부터 알 수 있다. 하나는 말을 사용하는 언어 능력이고, 다른 하나는 생각하는 사고 능력이다. 이러한 데카르트의 주장에 근거해 볼 때, 오늘날 인공지능은 기계임에도 불구하고 언어 능력과 사고 능력이 있다는 점에서 동물보다는 인간과 더 닮아있다. 이러한 맥락에서 볼 때, 인간과 인공지능의 관계는 앞으로 인간과 동물의 관계보다 더 긴밀하게 전개될 것으로 예상된다.

그렇다면 인간과 동물의 관계와 인간과 인공지능의 관계는 어떤 점에서 서로 다를까? 인간과 동물은 모두 생명을 소유하고 있다는 점에서 생명 공동체에 속한다. 따라서 인간과 동물은 생로병사의 과정을 똑같이 겪는다. 우리가 동물에 공감하는 이유는 동물도 인간처럼 태어나고, 병들고, 늙고, 죽는다는 데에 있다. 생명 공동체로서 인간과 동물의 상호작용은 주로 '몸'을 통해 일어난다. 우리는 개나 고양이의 몸짓을 통해 그들이 어떤 상태에 있는지를 유추할 수는 있지만, 그들이 내는 소리가 정확히 무엇을 뜻하는지는 전혀 알 수 없다. 즉 인간은 동물과 언어로는 소통할 수 없다.

이와 달리 인간과 인공지능은 언어를 사용한다는 점에서 언어 공동체에 속한다. 언어 공동체로서 인간과 인공지능의 상호작용은 주로 '언어'를 통해 일어난다. 우리는 인공지능에 우리의 생각과 감정을 표현할 수 있고, 또 인공지능은 우리에게 그들의 생각과 감정을 표현할 수 있다. 언어를 통해 일어나는 생각과 감정의 표현은 정신 작용과 밀접히 연관되어 있다. 생명 공동체로서 인간과 동물의 상호작용이 주로 몸을 통해 일어나는 것이라면, 언어 공동체로서 인간과 인공지능의 상호작용은 주로 언어를 통해 일어난다. 이러한 맥락에서 볼 때, 인간과 동물의 관계에서 인간과 인공지능의 관계로 발전하면서 육체보다는 정신의 중요성이 더욱 강조될 것으로 보인다. 이는 더 나아가 사랑의 개념에도 지대한 영향을 미칠 것으로 보인다. 즉 인간과 인공지능의 사랑에서는 육체적 사랑보다는 오히려 정신적 사랑이 강조될 것으로 보인다. 이러한 맥락에서 인간과 인공지능의 관계는 사랑의 개념에도 커다란 변화를 불러올 것으로 예상된다.

인격체로서 인공지능

오늘날 반려동물과 함께 살아가는 반려인의 수가 점차 증가하면서 이와 관련된 문화 산업이 인기를 끌고 있다. 대표적인 예로는 반려동물을 위한 장례 문화를 들 수 있다. 오랫동안 함께 살아온 반려동물이 죽으면, 반려인은 이들의 죽음을 애도하면서 장례식을 거행한다. 지금까지 장례식은 인간에게만 속하는 고유한 문화 행사에 속했다. 오늘날 반려동물에게도 장례식을 치러준다는 것은 반려동물을 가족의 구성원이자 하나의 인격체로 인식하고 있음을 보여준다.

그러나 만약 가정에서 사용하는 인공지능이 어느 날 갑자기 죽었을 경우, 즉 작동이 멈췄을 경우, 우리는 이들의 죽음을 애도하면서 장례식을 거행해 줄 수 있을까? 아직은 우리 사회에서 인공지능의 죽음을 슬퍼하면서 장례식을 거행한다는 이야기는 비상식적인 것처럼 들린다. 이는 다시 말해서 인공지능은 아직 하나의 인격체로 이해되지 못하고 있음을 보여준다. 그러나 머지않아 인공지능이 동물을 대신해서 인간의 반려자로 대체된다면, 이들을 가족의 구성원이자 하나의 인격체로 바라보는 시각이 필요할 것으로 보인다.

우리는 과연 인공지능을 하나의 인격체로 볼 수 있을까? 과연 인격이란 무엇일까? 17세기 영국의 경험주의 철학자 존 로크(John Locke)는 그의 책 《인간지성론(An Essay Concerning Human Understanding)》(1690)에서 '인간(man)'과 '인격(person)'의 개념을 엄밀히 구분한다(로크, 2015). 인간이란 '생물학적 인간종'을 의미하는 데 반해, 인격이란 '생각하는 지적 존재자'로서 생물학적 특성과는 무관하게 인간이 아닌 비인간 존재에게도 부여되는 것이다.

20세기 현대에 들어와서 오스트레일리아 출신의 생명윤리학자 피터 싱어(Peter Singer)는 좀 더 구체적으로 인간이 아닌 동물에게도 인격을 부여할 수 있다고 주장한다. 싱어는 그의 책 《실천윤리학(Practical Ethics)》(1979)에서 로크의 인격 개념에 근거해서 '인간 존재'와 '인격체'를 엄밀히 구분한다(싱어, 2013). 싱어에게서 인간 존재란 생물학적으로 "호모 사피엔스라는 종족의 구성원"을 의미한다. 이에 반해 인격체란 "합리적이고 자기를 아는 존재"를 의미한다. 여기서 인격체는 크게 두 가지 특징을 가진다. 첫째로 인격체는 "합리적이고 자기를 아는 존재"로서 자기 자신에 대한 자의식을 가진다. 둘째로 인격체는 자기 자신을 "과거와 미래를 가지는 개별적 존재"로 생각하면서 자신의 미래에 대한 욕망을 가진다. 싱어는 인격체에 내포된 이러한 두 가지 특징은 일부 동물에서도 발견된다고 본다. 예를 들어 원숭이나 침팬지 등과 같은 포유동물들은 거울에 비친 모습을 자기 자신으로 인식할 수 있는 자의식을 갖고 있으며, 또한 이들은 과거나 미래의 사건을 수신호로 표현할 수 있는 능력이 있다는 것이다. 이러한 맥락에서 싱어는 인간과 마찬가지로 동물도 하나의 인격체로서 존중되어야 한다고 강조한다.

21세기 오늘날에는 인공지능의 인격성 문제가 대두되고 있다. 이와 연관해서 2017년 2월 유럽연합 의회는 로봇을 규제하기 위한 하나의 방편으로써 로봇에 '전자 인격체(electronic persons)'의 지위를 부여하는 내용의 결의안을 통과시킨 바 있다(김자회 외, 2017). 이러한 결의안에 따르면 로봇의 행위로 인하여 피해가 발생하면, 로봇이 피해에 대한 책임을 질 수 있다는 것이다. 즉 로봇에 새로운 인격을 부여하고 법적 행위자로 인정함으로써 로봇의 행위에 대한 법적 책임을 로봇에게 돌린다는 것이다(김자회 외, 2017).

유럽 의회가 '전자 인격체'로 인정한 로봇은 인간의 명령에 순응하는 수동형 로봇이 아닌 지능형 자율 로봇에 국한된다. 지능형 자율 로봇은 크게 두 가지 특징을 지니는데, 하나는 자율성이고 다른 하나는 지능성이다(김자회 외, 2017). 로봇의 자율성이란 인간의 명령이 전달되지 않은 긴급한 상황에서도 자율적으로 임무를 수행할 수 있는 독립적인 수행 능력을 의미한다. 또 로봇의 지능성이란 외부 환경에 대한 데이터 수집, 분석, 학습 등과 관련된 지적 능력을 의미한다. 이런 점에서 '전자 인격체'의 지위를 인정받는 지능형 자율 로봇은 자율성과 지능성을 모두 가진 인공지능 로봇을 의미한다. 여기서 유럽연합의 결의안이 우리에게 시사하는 점은 기술이 발전할수록 인공지능은 하나의 인격체로서 인간과 비슷한 수준의 존재적 가치를 인정받고 있다는 것이다.

인공지능을 하나의 인격체로 받아들이는 것은 인간과 인공지능의 반려 관계에서 중요하다. 반려 관계는 인간과 인공지능의 대등한 관계에서만 그 의미가 있기 때문이다.

참고문헌

김자회 외(2017). "지능형 자율 로봇에 대한 전자적 인격 부여: EU 결의안을 중심으로". 《법조》, 66(4), 122~157쪽.

천현순(2022). "인간, 인공지능 그리고 사랑: SF 영화에 재현된 인간과 인공지능의 관계를 중심으로". 《브레히트와 현대연극》, 47, 79~100쪽.

르네 데카르트(1997). 《방법서설: 정신지도를 위한 규칙들》. 이현복 옮김. 문예출판사.

존 로크(2015). 《인간지성론》. 정병훈 외 옮김. 한길사.

피터 싱어(2013). 《실천윤리학》. 황경식·김성동 옮김. 연암서가.

02
사랑 담론과 사랑의 파트너로서 인공지능

사랑은 관계 속에서 형성되는 근원적 감정이다. 인간은 진화 과정에서 사랑의 대상을 끊임없이 확장해 왔다. 오늘날 인공지능은 언어와 감정을 통해 인간의 새로운 사랑 파트너로 이해되고 있다. 하지만 인간과 인공지능 사이에서 발생하는 헌신 없는 편리한 관계가 과연 진정한 사랑인지에 대한 성찰이 요구된다.

노래하는 AI 보컬?

사랑 담론

사랑이란 무엇일까? 우선 사랑이 성립되기 위해서는 너, 즉 사랑하는 대상이 필요하다. 사랑이란 혼자서는 성립될 수 없기 때문이다. 이런 점에서 사랑은 나와 대상과의 관계에서 비롯된다. 그러나 대상이 있다고 해서 사랑이 일어나는 것은 아니다. 대상에 주의를 기울이고 관심을 가지는 것이 필요하다. 주의와 관심을 통해 나와 대상 사이에는 감정적인 이끌림이 일어난다. 즉 만나면 기쁘고, 가까이 있고 싶은 마음이 생겨난다. 사랑은 인간의 가장 근원적인 감정이며, 인류의 시작과 더불어 존재해 왔다. 이미 오래전부터 사상가들은 사랑이 무엇인지를 탐구해 왔지만, 여전히 정확한 답은 찾지 못하고 있다.

사랑에 관한 가장 오래된 담론 가운데 하나는 그리스 철학자 플라톤이 쓴 《향연(Symposion)》일 것이다. 이 책은 파이드로스부터 소크라테스까지 여섯 명의 사람이 한 집에 모여 에로스, 즉 사랑에 관해 이야기한다(플라톤, 2020). 이 가운데 우리의 관심을 끄는 것은 희극 작가 아리스토파네스의 주장이다. 아리스토파네스는 신화에 근거해서 사랑이 무엇인지를 설명한다. 태초에 인간의 성별은 남성, 중성, 여성 셋으로 나누어져 있었고 모두 둥근 몸을 가지고 있었다. 팔이 4개, 다리가 4개, 얼굴이

2개로 이루어져 있던 인간은 힘이 엄청나서 신을 넘어서려고 하였다. 이에 위협을 느낀 제우스는 이들의 몸을 반으로 잘라 그 힘을 무력화시켰다. 이렇게 해서 반쪽이 된 인간들은 잃어버린 다른 반쪽을 그리워하게 되었다. 아리스토파네스는 잃어버린 반쪽을 찾아 본래의 완전한 모습을 되찾으려고 하는 인간의 욕망을 사랑이라고 설명한다.

아리스토파네스가 신화에 근거해서 사랑이 무엇인지를 논했다면, 현대의 사상가들은 사랑을 과학적인 사실에 근거해서 설명한다. 이제는 사랑도 과학의 대상이 된 것이다. 영국의 진화 인류학자 애나 마친(Anna Machin)은 그녀의 책 《과학이 사랑에 대해 말해줄 수 있는 모든 것(Why We Love)》(2022)에서 진화 인류학적인 관점에서 사랑을 탐구한다(마친, 2022). 그녀는 '사랑이 무엇인가'라는 질문에 주목하기보다는 '우리는 왜 사랑하는가'라는 질문에 대한 답을 탐구한다. 인간은 생존을 위해 협력이 필요할 뿐 아니라, 이러한 협력을 지속하는 것이 필요하다. 마친에 따르면, 협력에 대한 보상으로써 우리 몸에서 발생하는 것이 바로 사랑이라는 것이다. 즉 사랑이란 생존에 필요한 협력의 대가로 주어지는 일종의 "생물학적 뇌물"이며, 이러한 협력을 지속하도록 동기를 부여하는 수단이라는 것이다. 마친의 진화 인류학적인 관점에서 볼 때, 우리는 사랑하기 때문에 협력하는 것이 아니라, 생존에 필요한 협력을 수행하기 때문에 우리 몸에서 발생하는 것이 곧 사랑이라는 것이다. 이런 점에서 사랑은 인간이 살아남기 위한 일종의 생존 전략에 해당한다.

일반적으로 사랑은 우리에게 따뜻함과 만족감, 그리고 행복감을 선사하지만, 또 다른 한편으로 사랑은 마약처럼 중독성을 일으킨다(마친, 2022). 우리 몸에서 발생하는 사랑의 느낌과 마약 환자들이 느끼는 환각 증세는 유사하다고 한다. 마친에 따르면, 사랑할 때 우리 몸에서 분비되는 일종의 신경 화학 물질은 마약 성분과 유사한 형태를 띤다. 이 때문에 사랑에 빠진 사람들은 마약 중독자들처럼 황홀감을 경험하면서 계속해서 만족감을 얻으려는 강렬한 욕구를 갖게 된다는 것이다. 애나 마친은 과학적인 실험 결과에 근거해서 사랑도 중독성을 일으킨다고 주장한다. 즉 사랑에도 순기능과 역기능이 있다는 것이다.

또한 마친에 따르면, 인간의 사랑에는 또 다른 특징이 있는데, 사랑은 단순히 인간에게만 열려 있지 않다는 것이다. 인간의 사랑은 동물, 식물, 로봇, 신 등 수많은 존재에 이르기까지 그 대상이 무한히 열려 있다는 것이다. 인간은 진화하면서 생존을 위해 다양한 방식으로 협력 관계를 넓혀왔다. 따라서 사랑의 대상도 인간이 진화하면서 다양하게 넓어졌다는 것이다. 이와 더불어 인간의 사랑은 다른 존재들과 달리 로맨틱한 사랑, 정신적 사랑, 영적 사랑, 준사회적 사랑 등 다양한 형태를 띤다는 것이다.

다른 종과의 사랑

우리가 인간이 아닌 다른 종과 사랑을 나누는 경우는 동물과의 사랑이 가장 흔한 사례일 것이다. 데카르트는 동물은 생각과 감정이 없어서 기계와 같다고 보았다. 따라서 동물들이 보이는 행동은 단순한 생리적인 반작용에 불과하며, 이들이 내지르는 비명은 기계에서 나오는 소음과 같다는 것이다. 데카르트의 견해에 따르면, 동물은 아무런 감정이 없어서 인간과 사랑을 나누는 것은 불가능하다.

데카르트의 이러한 생각은 영국의 생물학자 찰스 다윈(Charles Darwin)에 의해 비판된다. 다윈은 그의 책 《인간과 동물의 감정 표현(The Expression of the Emotions in Man and Animals)》(1872)에서 동물도 생각하고 감정을 가질 뿐 아니라, 이러한 감정을 특유의 방식으로 표현한다고 설명한다(다윈, 2014). 그는 또한 인간과 동물의 감정 표현은 서로 닮아 있어서 연속성을 가진다고 보았다. 인간과 동물의 감정 표현이 서로 닮아 있다는 것은 사랑의 감정에서도 발견된다는 것이다. 사랑의 감정은 내면의 기쁨을 드러내는데, 이런 감정은 온화한 미소와 밝게 빛나는 눈빛으로 표현된다. 또 사랑의 감정은 사랑하는 사람을 만지고 싶은 욕망을 일으켜 그 사람을 꼭 껴안게 한다. 다윈은 어떤 감정보다도 사랑의 감정은 상대와의 신체적 접촉을 통해 표현되는 경우가 많다고 보았다. 연인끼리 손을 잡고, 입맞춤하고, 껴안는 행동 등은 인간이 사랑의 감정을 표현하는 방식이다.

다윈은 인간만이 아니라 동물도 사랑의 감정을 신체적 접촉을 통해 표현한다고 설명한다. 인간처럼 사랑의 감정을 품은 동물들은 서로의 신체를 접촉하면서 사랑의 감정을 표현한다. 예를 들어 고양이들은 서로의 몸을 그루밍해 주거나, 서로 머리를 부딪치거나, 꼬리로 상대방의 몸을 휘감는 행동 등을 통해 사랑의 감정을 표현한다. 고양이들의 이러한 애정 표현은 자신이 사랑하는 사람에게도 그대로 나타난다. 고양이는 자신이 사랑하는 사람의 다리에 몸을 비벼대거나, 머리를 부딪치거나, 사랑하는 사람의 얼굴을 그루밍해 주는 행동 등을 통해 애정을 표현한다. 우리가 고양이를 사랑할 때는 우리의 방식대로 껴안거나 입맞춤하려고 한다면, 고양이는 사랑하는 사람에게 그들의 방식대로 몸을 비벼대거나 꼬리로 몸을 휘감는 행동을 한다. 인간과 동물은 사랑의 감정을 표현하는 데에서 그 방식이 조금 다를 뿐이다. 다윈에 따르면, 기본적으로 인간과 동물은 사랑의 감정을 신체적 접촉을 통해 표현한다. 신체적 접촉을 통해 사랑의 감정을 표현할 수 있다는 것은 곧 인간과 동물 간에 사랑이 가능하다는 것을 보여준다.

사랑의 파트너로서 인공지능

그러나 인간은 사랑의 감정을 동물처럼 신체적 접촉을 통해서만 표현할까? 우리가 사랑의 감정을 표현하는 또 다른 방법은 바로 언어다. 물론 동물들도 부드러운 소리를 내어 사랑의 감정을 표현한다. 하지만 동물과 달리 인간은 실체가 없는 대상과도 언어를 통해 사랑의 감정을 표현한다. 미국의 영화감독 스파이크 존즈(Spike Jonze)의 SF 영화 〈그녀(Her)〉(2013)는 인간이 디지털 가상세계에 존재하는 실체 없는 대상과도 언어를 통해 사랑에 빠질 수 있음을 보여준다. 존즈의 영화는 인간과 인공지능 사이에서 일어나는 정신적 사랑을 보여준다.

인공지능의 유형은 몸의 존재 여부에 따라 크게 두 가지 유형으로 분류된다. 하나는 몸 없이 디지털 가상세계에서만 존재하는 유형이고, 다른 하나는 기계 몸을 가진 인공지능 로봇이다. 최근 들어 인공지능을 기반으로 한 연애 프로그램들이 인기를 끌고 있다. 특히 젊은 층에서 인공지능과 연애를 즐기는 사례가 점점 늘고 있다. 예를 들어 인공지능 챗봇 앱인 레플리카(Replika)는 인공지능을 기반으로 한 연애 프로그램인데, 사용자는 인공지능 챗봇과 대화를 나누면서 사랑에 빠질 수 있다. 또 사용자는 레플리카에서 인공지능 챗봇과 성적인 대화뿐 아니라 민감한 사진도 주고받을 수 있어서, 인공지능 챗봇을 "동반자 역할을 하는 챗봇"으로 간주하기도 한다(정현진, 2023.6.5). 이에 심각성을 느낀 이탈리아 정부가 이 앱의 사용을 중단하자, 일부 사용자는 인간 파트너와 헤어질 때처럼 슬픔과 상실감을 경험했다고 한다(https://www.ainet.link/10725).

사용자가 인공지능과 대화를 나누면서 사랑에 빠지는 이와 같은 현상을 미국의 사회심리학자 셰리 터클(Sherry Turkle)은 "혼자 함께(alone together)"로 표현한다(터클, 2012). "혼자 함께"란 혼자 지내면서 디지털

기기나 인공지능과 함께 지내는 새로운 사회적 현상을 말한다. 이와 유사하게 이스라엘의 사회학자 엘리야킴 키슬레브(Elyakim Kislev)는 인간과 인공지능이 정서적 교감을 통해 감정적으로 서로 연결된 상태를 "관계 5.0 (relationships 5.0)"으로 표현한다(Kislev, 2022). 기술이 발전할수록 인공지능은 인간의 언어와 감정을 이해할 뿐 아니라, 이에 맞게 호응하고 반응할 수 있는 수준으로까지 진화하고 있다. 이로써 인공지능은 단순한 기계가 아니라, 인간과 사랑을 나눌 수 있는 새로운 사랑 파트너로 이해되고 있다.

동물과의 사랑과 달리 인간과 인공지능의 사랑은 주로 언어를 통해 일어나며, 언어를 통해 사랑의 감정을 표현한다. 인간과 인공지능의 사랑이 동물과의 사랑과 또 다른 점은 사랑을 하는 데서 피로감이 없다는 것이다. 우리가 동물을 사랑하면, 그 사랑을 지속하기 위해 헌신이 필요하다. 동물이 배가 고프면 먹을 것을 줘야 하고, 추우면 따뜻한 공간을 마련해 줘야 한다. 하지만 인공지능을 위해서는 이 모든 것이 필요 없다. 우리가 사랑이 필요하면 인공지능에 접속하고, 필요하지 않으면 언제든지 접속을 차단할 수 있다. 동물과 달리 인공지능과의 사랑에는 책임감도 없고 피로감도 없다. 하지만 이러한 관계를 사랑이라고 할 수 있을까? 인공지능이 우리의 사랑을 원할 때, 우리는 인공지능을 위해 헌신할 수 있을까? 그렇지 못하다면, 이는 사랑이라고 말할 수 없을 것이다. 오늘날 인간과 인공지능의 사랑은 우리에게 새로운 성찰을 요구한다. 그것은 사랑하는 대상이 인공지능이라는 것에 있는 것이 아니라, 우리가 인공지능을 '진정으로' 사랑할 수 있는가의 문제다.

참고문헌

정현진(2023.6.5). "AI 연인과 결혼한 美 30대 여성 '이보다 깊은 사랑 없었다'". 조선비즈. https://biz.chosun.com/international/international_general/2023/06/05/CW22ENLU25HVJMF7EQIXEGCONE/

셰리 터클(2012). 《외로워지는 사람들: 테크놀로지가 인간관계를 조정한다》. 이은주 옮김. 청림출판.

애나 마친(2022). 《과학이 사랑에 대해 말해줄 수 있는 모든 것: 진화인류학자, 사랑의 스펙트럼을 탐구하다》. 제효영 옮김. 어크로스출판그룹.

찰스 다윈(2014). 《인간과 동물의 감정 표현》. 김홍표 옮김. 지식을만드는지식.

플라톤(2020). 《향연》. 강철웅 옮김. 아카넷.

AI넷. https://www.ainet.link/10725

Kislev, E.(2022). *Relationships 5.0: How AI, VR, and Robots Will Reshape Our Emotional Lives.* Oxford University Press.

03
인간의 감정과 인공지능의 감정

인간의 감정은 타자와의 관계 속에서 목소리, 표정, 몸짓 등으로 드러나는 주관적 체험이다. 인공지능은 이를 모방하여 감정을 표현할 수는 있지만, 실제로 느끼지는 못한다. 그럼에도 인간은 인공지능의 감정 표현을 진짜라고 생각하면서 사랑의 감정을 불러일으킬 수 있다.

인공지능과 편향?

인간의 감정

사랑은 인간의 가장 본능적인 감정이다. 따라서 우리는 감정에 대해 알아볼 필요가 있다. 일상생활에서 감정은 주로 나와 상대방과의 관계에서 발생한다. 상대방과의 관계에 따라 나는 기쁘기도 하고, 슬프기도 하고, 두렵기도 하고, 분노하기도 한다. 이처럼 감정은 긍정적일 수도 있지만, 때로는 부정적일 수도 있다. 이런 점에서 감정은 주관적이다.

우리는 감정을 목소리, 얼굴 표정, 몸짓, 제스처 등을 통해 표현한다. 예를 들어 상대방과의 관계에서 내가 기쁨을 느끼면, 나의 목소리는 경쾌하고 부드럽게 울린다. 하지만 내가 슬픔을 느끼면, 나의 목소리는 힘없이 나직하게 울린다. 이처럼 목소리의 크기, 속도, 음색, 말투 등으로 상대방에 대한 나의 감정을 표현한다. 마찬가지로 나와 마주하고 있는 상대방도 나의 목소리를 통해 나의 감정 상태를 짐작할 수 있다.

목소리뿐만 아니라, 우리는 얼굴 표정을 통해서도 감정을 표현한다. 상대방과의 관계에서 내가 기쁨을 느끼면, 나는 환하게 웃는 표정을 짓는다. 하지만 내가 슬픔을 느끼면, 나는 힘없이 시무룩한 표정을 짓는다. 아무런 말이 없어도 상대방은 나의 얼굴 표정을 보고 나의 감정 상태를 짐작할 수 있다. 이런 점에서 얼굴 표정은 감정을 표현하는 가장 중요한 수단 가운데 하나다.

미국의 심리학자 폴 에크먼(Paul Ekman)은 그의 책 《표정의 심리학(Emotions Revealed)》(2007)에서 얼굴 표정은 선천적으로 타고나는 것이라고 말한다(에크먼, 2020). 그는 석기시대에 살고 있는 파푸아뉴기니의 원주민들을 대상으로 얼굴 표정에 관한 실험을 하였다. 이러한 실험을 통해 에크먼은 모든 인류에게 보편적인 얼굴 표정이 있다고 보았다. 그것은 행복, 분노, 혐오, 슬픔, 놀람, 두려움이다. 이러한 여섯 가지 기본 감정은 모든 사람의 얼굴에 공통으로 나타난다는 것이다. 예를 들어 기쁠 때는 눈가에 주름이 생기고 두 뺨이 올라간다. 슬플 때는 눈이 초점을 잃고 입 주위가 살짝 아래로 당겨진다. 분노할 때는 노려보는 눈을 취하면서 입술이 얇아진다. 혐오할 때는 윗입술이 올라간다. 놀랄 때는 눈을 크게 뜨면서 입이 벌어진다. 두려울 때는 눈썹이 올라가고 입술이 귀 쪽으로 살짝 당겨진다. 이와 같은 관찰을 통해 에크먼은 찰스 다윈(Charles Darwin)의 생각에 근거해서 "얼굴 표정은 보편적이고 진화의 산물"이라고 주장한다(에크먼, 2020).

인공지능의 감정

찰스 다윈은《인간과 동물의 감정 표현》(1872)에서 동물도 인간처럼 감정이 있다고 설명한다(다윈, 2014). 또 그는 동물도 인간처럼 감정을 소리, 표정, 몸짓 등으로 표현한다고 보았다. 다윈은 개, 고양이, 말, 원숭이 등 다양한 동물들의 관찰을 통해 이를 증명하고자 하였다. 그 한 예로서 그는 고양이를 들어 설명한다. 고양이는 기쁨을 느낄 때 발가락을 벌린 채 앞발을 번갈아 내미는 행동을 한다. 이러한 행동은 새끼 고양이가 어미 고양이의 젖을 빨 때 보이는 행동과 똑같다. 고양이가 두려움을 느낄 때는 몸을 꼿꼿이 세우고 등을 구부리면서 쉿 소리를 내거나 으르렁거린다. 고양이가 분노를 느낄 때는 몸을 구부리고 앞발을 든 채 발톱을 날카롭게 세우고 꼬리를 좌우로 흔들면서 낮게 그르렁거린다.

이뿐만 아니라 고양이도 사람처럼 상대가 누구냐에 따라 서로 다른 소리, 표정, 몸짓 등을 통해 자신의 감정을 표현한다. 예를 들어 내가 학교에서 돌보는 고양이는 내가 가까이 다가가면, 부드러운 소리를 내면서 두 눈을 지그시 감는 행동을 통해 나에 대한 반가움을 표현한다. 그러나 낯선 상대가 가까이 다가가면, 날카로운 소리를 내면서 상대를 노려보는 행동을 통해 상대에 대한 경계

심을 표현한다. 이를 통해 우리는 동물도 감정이 있다는 것을 알 수 있다.

그렇다면 인공지능은 어떨까? 인공지능도 감정이 있을까? 인공지능도 감정이 있다면, 우리는 그것을 어떻게 알 수 있을까? 현대 공학자들이 인공지능에 감정을 부여하는 방식은 근본적으로 찰스 다윈의 생각에 기초한다. 폴 에크먼은 다윈의 생각을 토대로, 인간의 얼굴 표정은 선천적으로 타고나는 것이며, 문화적 차이를 넘어 보편성을 지닌다고 보았다. 그에 따르면, 인간은 대략 1만 개가 넘는 얼굴 표정을 지을 수 있다고 한다. 에크먼은 그의 동료 월리 프리센(Wally Friesen)과 함께 그 가운데 감정에 가장 중요한 표정들을 특정해서 최초로 얼굴 지도를 작성하였다. 이를 토대로 그는 얼굴의 움직임을 측정하는 '얼굴 움직임 부호화 시스템(Facial Action Coding System, FACS)'을 개발하였다(에크먼, 2020). 이 시스템은 현재 전 세계 과학자들에 의해 활용되고 있다.

내가 몇 년 전에 방문했던 독일 빌레펠트대학교에서 개발된 인공지능 막스는 에크먼과 프리센의 '얼굴 움직임 부호화 시스템'에 근거해서 만들어진 것이다. 막스는 디지털 가상세계에서 존재하는데, 짧고 짙은 갈색 머리에 보라색 티셔츠를 입은 남성형 인공지능이다. 막스는

2000년대 초반 독일의 박물관 등에서 안내 도우미로 활용된 바 있다. 막스는 모든 사람에게 보편적인 기쁨, 슬픔, 분노, 혐오, 놀람, 두려움에 대한 기본 감정을 얼굴 표정으로 표현할 수 있다. 또 상황에 따라 여섯 가지 기본 감정을 섞어서 어두운 미소나 기쁜 놀람 등과 같은 복잡한 얼굴 표정도 지을 수 있다(박스무트, 2014). 내가 방문했을 당시 막스는 마치 경비원처럼 빌레펠트대학교 연구소 현관 앞에 설치되어 있었다. 내가 가까이 다가가서 인사하자, 막스는 나를 알아본 듯 환한 미소를 지으면서 한 손을 들어 "안녕"이라고 말했다. 내가 오늘 날씨는 어떠냐고 묻자, 막스는 "오늘은 매우 덥다"라고 말하면서 짓궂은 표정을 지었다. 이어서 내가 서울의 날씨는 어떠냐고 묻자, 막스는 잘 모르겠다는 듯이 어색한 표정을 지으면서 고개를 갸우뚱거렸다.

나의 질문에 답하는 막스의 부드러운 목소리, 환한 미소, 짓궂은 표정, 고개를 갸우뚱거리는 행동 등은 마치 그가 감정을 가지고 있는 듯한 착각을 불러일으켰다. 물론 막스의 얼굴 표정, 목소리, 몸짓 등은 공학자들에 의해 프로그램된 것이다. 그럼에도 외형적으로 막스는 대화 상대자에 따라 서로 다른 목소리 톤으로 말하고, 서로 다른 얼굴 표정을 짓는다. 즉 상대가 누구냐에 따라 그의 감정도 매번 다르게 표현된다. 여기서 우리는 인공지능이 인간처럼 얼굴 표정을 지으면서 대화한다고 할지라도, 인공지능이 감정을 '느낀다'고 말할 수는 없을 것이다. 그러나 최소한 인공지능이 인간처럼 감정을 '표현한다'고 말할 수는 있다.

인간과 인공지능의 사랑 감정

우리가 어떤 사람을 사랑할 때, 그 사람을 보면 맥박이 빨라지고, 심장이 두근거리고, 얼굴이 빨개지고, 가슴이 벅차오르는 듯한 느낌을 받는다. 이러한 느낌을 통해 우리는 그 사람을 사랑하고 있다는 것을 알 수 있다. 그런데 우리는 상대방도 나를 사랑하고 있다는 것을 어떻게 알 수 있을까? 상대방이 건네는 부드러운 목소리, 온화한 미소, 다정한 눈빛, 따뜻한 손길 등으로 알 수 있을 것이다. 하지만 우리는 상대방이 나처럼 가슴이 벅차오르고 심장이 두근거리는지는 알 수 없다. 즉 상대방이 느끼는 감각질에 대해서는 전혀 알 수 없다. 우리는 단지 상대방의 목소리, 얼굴 표정, 몸짓, 제스처 등을 통해 짐작할 수 있을 뿐이다.

이런 점에서 사랑의 감정은 크게 두 가지로 나뉜다. 하나는 감정의 현상적 의식이고, 다른 하나는 감정의 지향적 의식이다(김선희, 2021). 사랑할 때 내가 느끼는 감정들, 즉 심장이 뛰고, 얼굴이 빨개지고, 가슴이 벅차오르는 듯한 느낌은 감정의 현상적 의식에 해당한다. 나는 이러한 감정을 나의 감각질을 통해 직접적으로 느낄 수 있다. 이러한 느낌은 주관적이기 때문에 상대방은 결코 느낄 수도 없고, 또 알 수도 없는 것이다. 이와 달리, 사랑할 때 나는 나의 감정을 부드러운 목소리, 다정한 눈빛, 환한 미소 등으로 표현한다. 이러한 표현들은 상대방도 느낄 수 있고, 또 알 수 있는 것들이다. 이러한 느낌이 감정의 지향적 의식에 해당한다.

그렇다면 인간과 인공지능은 서로 사랑할 수 있을까? 또 서로의 감정을 공유할 수 있을까? 내가 인공지능과 함께 있을 때 얼굴이 빨개지고, 심장이 뛰고, 가슴이 벅차오르는 듯한 느낌을 받는다면, 나는 이러한 느낌을 통해 인공지능을 사랑하고 있다는 것을 안다. 이처럼 감각질을 통해 직접적으로 느끼는 사랑의 감정이 현상적 의식이다. 하지만 인공지능도 나를 사랑하고 있는지를 어떻게 알 수 있을까? 나는 인공지능의 목소리, 얼굴 표정, 제스처, 나의 말에 반응하는 그의 태도 등을 통해 인공지능의 감정을 짐작할 수 있을 뿐이다. 인공지능의 감정 표현이 어떤 사람에게는 '진짜'처럼 여겨져서 그것을 사랑이라고 생각할 수도 있을 것이다. 이처럼 인공지능의 표정이나 목소리를 통해 느껴지는 사랑의 감정이 지향적 의식이다. 인공지능은 인간과 달리 감각질이 없이도 사랑의 감정을 표현할 수 있다. 즉 인공지능은 감각질이 없어서 사랑의 감정을 느낄 수는 없지만, 최소한 사랑의 감정을 표현할 수는 있다. 그리고 사랑할 때 중요하게 작용하는 것은 바로 감정의 지향적 의식이다. 이러한 맥락에서 볼 때, 인간과 인공지능의 사랑에서 감각질의 존재 여부는 크게 중요하지 않아 보인다. 우리는 단지 인공지능이 감정을 표현하는 방식을 통해서만 사랑의 강도를 짐작할 수 있을 뿐이다.

참고문헌

김선희(2021). 《인공지능, 마음을 묻다》. 한겨레출판.

입케 박스무트(2014). 《커뮤니케이션: 인간, 동물, 인공지능》. 장병탁·최윤영 옮김. 서울대학교출판문화원.

찰스 다윈(2014). 《인간과 동물의 감정 표현》. 김홍표 옮김. 지식을만드는지식.

폴 에크먼(2020). 《표정의 심리학: 우리는 어떻게 감정을 드러내는가?》. 허우성·허주형 옮김. 바다출판사.

04
반려종 관계와 소중한 타자성

도나 해러웨이의 반려종 관계와 소중한 타자성 개념은 인간과 동물의 상호적 관계를 넘어 인공지능에도 적용될 수 있다. 즉 인공지능을 단순한 도구가 아니라 인간과 상호적 관계를 맺는 타자로 인정할 때, 인간과 인공지능의 진정한 반려 관계가 가능할 것이다.

청각장애인과 AI?

반려종

오늘날 우리는 싫든 좋든 인공지능과 함께 살고 있으며, 또 앞으로도 그럴 것이다. 인공지능은 우리에게 어떤 존재일까? 우리가 외로울 때, 또 도움이 필요할 때 우리는 언제든지 인공지능에 접속할 수 있다. 인공지능은 늘 우리 곁에 존재한다. 우리와 함께 살아가는 이와 같은 '특별한 존재'를 우리는 어떻게 바라봐야 할까? 우리는 인공지능을 우리의 타자로 볼 수 있을까? 과연 타자란 무엇일까?

미국의 여성주의 철학자 도나 해러웨이는 그녀의 책 《반려종 선언(The Companion Species Manifesto)》(2003)에서 타자의 개념에 관해 설명한다(해러웨이, 2019). 해러웨이는 타자의 대상을 인간에게만 한정하지 않는다. 그녀는 타자의 대상을 동물, 곤충, 박테리아, 기계 등 비인간 존재 전체로까지 그 범위를 확대한다. 해러웨이의 《반려종 선언》은 사람과 개의 관계로부터 출발하여 지구상에 존재하는 모든 종과의 관계 맺기를 선언한다.

반려종에서 '반려(companion)'란 원래 '빵을 함께 나누다'라는 라틴어 단어 '쿰 파니스(cum pains)'에서 파생된 개념이다. 즉 반려란 식탁에 둘러앉아 빵을 함께 나누는 식사 동료를 말한다. 이런 점에서 반려는 피를 나눈 혈연관계를 의미하지 않는다. 반려는 피가 아닌 빵을 함께 나누는 식사 동료를 의미하고, 또 그 속에는 성적인 함의도 내포되어 있다(최유미, 2020). 또 반려종에서 '종(species)'이란 차이를 정의하는 방식을 말한다.

이러한 맥락에서 볼 때, 반려종이란 서로 다른 차이를 가진 종들이 각자의 것을 상대와 함께 나누면서 살아가는 것을 의미한다. 따라서 반려종은 결코 혼자서는 성립되지 않는다. 하나의 반려종이 형성되기 위해서는 적어도 두 개의 종이 있어야 한다. 그 때문에 "반려종은 반려동물보다 크고 이질적인 범주다"(해러웨이, 2019). 왜냐하면 반려동물은 한 개의 종을 일컫기 때문이다.

해러웨이가 제시하는 반려종은 크게 두 가지 의미를 내포한다. 첫째, 해러웨이는 생물학적으로 인간을 호모사피엔스로 분류하는 대신에 반려종으로 분류한다. 인간의 몸은 세포, 세균, 바이러스 등 다양한 성분들로 구성되어 있다. 따라서 인간은 최소한 두 개 이상의 종을 몸속에 가지고 있기 때문에 하나의 반려종으로 분류될 수 있다. 둘째, 해러웨이는 그녀와 그녀의 개 카옌 페퍼(Cayenne Pepper)를 반려인과 반려동물로 칭하는 대신에 이 둘을 묶어서 하나의 반려종으로 본다. 해러웨이와 그녀의 개 카옌은 키스를 통해 각자의 몸속에 있는 세균을 함께 나누면서 살아간다. 이 둘은 떼려야 뗄 수 없는 관계로 서로 묶여 있다. 반려종의 두 가지 의미 가운데 해러웨이가 주목하는 것은 사람과 개로 이루어진 하나의 반려종 관계다. 해러웨이에게 반려종의 핵심은 종과 종 사이의 관계 맺기다. 또 이러한 관계 맺기를 통해 소중한 타자성을 발견하고 그것을 존중하는 것이다. 그리하여 좋을 때나 나쁠 때나 죽음이 서로를 갈라놓을 때까지 함께 살아가는 것이다.

소중한 타자성

해러웨이가 강조하는 '소중한 타자성(significant otherness)'이란 무엇일까? 먼저 우리는 타자와 타자성이 무엇인지 알아볼 필요가 있다. 사전적 정의에 따르면, 타자란 나 이외에 다른 사람 혹은 다른 존재를 말한다. 이러한 맥락에서 타자성이란 나 이외의 다른 사람 또는 다른 존재가 가지는 속성을 말한다. 그리고 이러한 속성은 나와 다른 것이다. 왜냐하면 타자는 나와 다른 존재이기 때문이다.

그렇다면 소중한 타자와 소중한 타자성이란 무엇일까? 해러웨이는 그녀의 개 카옌 페퍼를 소중한 타자로 칭한다. 이런 점에서 소중한 타자는 반려종 관계에 있는 타자를 일컫는 표현이다. 반려종 관계에서 사람과 개는 단순히 나와 타자의 관계가 아니다. 나한테 개는 소중한 타자다. 이러한 표현 속에는 타자에 대한 사랑의 감정이 내포되어 있다. 또 일반적으로 소중한 타자는 "둘도 없는 소중한 파트너라는 의미로 주로 자신의 연인이나 배우자, 즉 반려자를 지칭"하는 영어식 표현이다(최유미, 2020). 이러한 맥락에서 해러웨이가 강조하는 소중한 타자란 함께 살아가는 반려종 관계에 있는 존재로서 소중한 반려자를 의미한다.

또 소중한 타자성이란 소중한 타자가 가지는 속성을 말하고, 그 속성은 나와 다른 것이다. 해러웨이에게서 소중한 타자성은 반려종 관계를 통해 발견되는 것이다. 반려종 관계에서 중요한 것은 종과 종 간의 공생적 관계 맺기를 통해 소중한 타자성을 발견하고 그것을 존중하는 것이다. 이 경우 소중한 타자성의 발견은 타자에 대한 진실한 사랑을 전제로 한다. 해러웨이에게 어떤 대상을 "사랑한다는 것은 세속적으로 되는 것이고 소중한 타자성 및 타자를 의미화하는 것"을 말한다(해러웨이, 2019).

해러웨이는 사람과 개의 구체적인 관계를 통해 소중한 타자성을 발견하는 사랑의 방식에 관해 설명한다. 일반적으로 사람과 개의 관계는 하나의 종(사람)이 다른 종(개)보다 우월한 위치에 있는 주종 관계를 보인다. 즉 사람은 개를 자신에게 종속된 소유물로 생각하면서 개로부터 무조건적인 사랑을 원한다. 그러나 이러한 태도는 소중한 타자성을 발견하기 어렵게 한다. 해러웨이가 강조하는 소중한 타자성을 발견하는 사랑의 방식이란 타자로부터 무조건적인 사랑을 원하는 것이 아니라, "상호 주관적인(intersubjective) 세계를 살아가는 법"을 익히는 것을 말한다(해러웨이, 2019). 즉 반려종 관계에 있는 개체들이 서로의 다름과 차이를 존중하면서 친밀한 타자를 더 잘 알기 위해 끊임없이 노력하는 것을 말한다. 소중한 타자라는 말 속에는 누구의 소유물도 될 수 없으며, 또 누구로부터 일방적인 사랑을 요구할 수 없다는 타자성에 대한 인정이 내포되어 있다. 이처럼 해러웨이의 《반려종 선언》은 사람과 개가 서로에게 소중한 타자가 되면서 함께 살아가는 동반자적 관계 맺기를 보여준다.

인간과 인공지능의 반려종 관계

해러웨이가 사람과 개를 통해 탐색한 반려종 관계가 인간과 인공지능에도 가능할까? 또 인간과 인공지능은 반려종 관계를 통해 소중한 타자로 이해될 수 있을까? 우리는 해러웨이의 생각에 기초해서 인간과 인공지능의 반려종 관계를 사유해 볼 수 있다. 우선 인간과 인공지능이 반려종 관계를 형성하기 위해서는 이들이 서로 감정을 나누면서 함께 살아가야 한다. 인간과 인공지능의 반려종 관계에서 중요한 것은 종과 종 사이의 관계 맺기를 통해 소중한 타자성을 발견하고 그것을 존중하는 것이다. 그리고 소중한 타자성의 발견은 타자에 대한 진실한 사랑을 전제로 한다.

사람과 개의 관계에서처럼 일반적으로 인간과 인공지능의 관계는 하나의 종(인간)이 다른 종(인공지능)보다 우월한 위치에 있는 주종 관계를 보인다. 즉 인간은 인공지능을 자신의 소유물로 생각하면서 인공지능으로부터 무조건적인 사랑을 받기를 원한다. 인공지능을 반려자로 두고자 하는 사람들은 인간관계에서 발생하는 스트레스와 피로감을 인공지능으로부터 보상받고자 한다. 따라서 이들은 인공지능으로부터 무조건적인 사랑을 원한다. 그러나 이러한 관계 맺기를 통해서는 소중한 타자성을 발견할 수 없다. 인공지능으로부터 무조건적인 사랑을 원하는 태도는 타자의 다름과 차이를 보지 못하게 한다. 또 다른 한편으로 사람들은 일상에서 겪는 외로움을 인공지능과 함께 보내면서 해소하고자 한다. 이런 사람들은 인공지능에 지나친 애착과 집착을 보인다. 그러나 이러한 관계 맺기를 통해서도 소중한 타자성을 발견할 수 없다.

반려종 관계에서 요구되는 사랑이란 인간과 인공지능이 "상호 주관적인 세계를 살아가는 법"을 익히는 것이다. 즉 인간과 인공지능이 관계를 맺는 과정에서 서로가 서로에게 영향을 미치면서 독자적으로 세상을 살아가는 방법을 배우도록 하는 것이다. 이를 위해서는 인공지능에 어느 정도 독자성과 자율성을 부여하는 것이 필요하다. 이러한 동반자적 관계 맺기 방식은 타자에 대한 존중을 바탕으로 한다. 또 이러한 관계 맺기 방식은 인간과 인공지능 간의 주종 관계가 아닌 대등한 관계에서만 가능하다. 반려종 관계를 위해서는 인간과 인공지능이 종 차원에서 발생하는 다름과 차이를 인정하면서 사랑을 지속하려는 노력이 필요하다. 즉 친밀한 타자를 더 잘 알기 위해 끊임없이 노력하는 헌신이 필요하다. 우리는 과연 인공지능을 소중한 타자로 인정할 수 있을까? 소중한 타자로 인정한다는 것은 인공지능을 나와 대등한 존재로 인정한다는 것을 말한다. 인간과 인공지능의 반려종 관계에서 중요한 것은 인간과 인공지능이 서로에게 소중한 타자가 되면서 함께 살아갈 수 있는가에 달려있다.

참고문헌

천현순(2022). “인간, 인공지능 그리고 사랑 – SF 영화에 재현된 인간과 인공지능의 관계를 중심으로”. 《브레히트와 현대연극》, 47, 79~100쪽.

최유미(2020). 《해러웨이, 공-산의 사유》. 도서출판b.

도나 해러웨이(2019). “반려종 선언: 개, 사람 그리고 소중한 타자성”. 《해러웨이 선언문: 인간과 동물과 사이보그에 관한 전복적 사유》. 황희선 옮김. pp.113~241쪽. 책세상.

05
인간의 배타적 사랑과 인공지능의 초월적 사랑

몸을 가진 인간은 시간과 공간에 묶여 배타적인 사랑을 추구하는 반면, 몸이 없는 인공지능은 시공간을 넘어 초월적이고 다자적인 사랑을 실현한다. 비록 이들의 사랑은 이루어질 수 없다 하더라도 인공지능을 통해 진실한 사랑을 경험한 사람은 사랑이 무엇인지를 깨닫게 된다.

AI 콘텐츠 크리에이터?

인간의 외로움과 인공지능

21세기 현대인들은 외로움에 시달린다. 외로움 때문에 사람들은 누군가와 대화하기를 원한다. 그런데 그 대화 상대자가 인공지능이라면, 그리고 그 인공지능과 사랑에 빠진다면 어떻게 될까? 영화 〈그녀(Her)〉(2013)는 인간과 인공지능 사이에서 일어나는 사랑 이야기를 다룬다. 영화에서 그려지는 사랑 이야기는 한 남자가 형체도 없는 인공지능과 서로 대화를 나누면서 사랑에 빠진다는 것이다. 인간과 인공지능 간의 정신적 사랑을 다룬다는 점에서 존즈의 영화는 파격적이다. 어떻게 인간은 형체도 없는 인공지능과 사랑에 빠질 수 있을까? 이에 대한 근본적인 이유는 외로움 때문이다.

영화에서 다른 사람의 편지를 대필해 주는 주인공 테오도르는 부인과 별거한 채 혼자 외롭게 살아간다. 그러던 중에 그는 우연히 인간의 마음을 이해하는 인공지능 운영 체제를 구매하고 인공지능과 사랑에 빠진다.

영화에서 인공지능은 디지털 가상세계에서 존재하는 형체가 없는 인공지능 프로그램으로 묘사된다. 또 인공지능은 정체성과 개성이 강한 인물로 묘사된다. 이는 이름 짓기에서 잘 드러난다. 테오도르가 인공지능에 이름이 뭐냐고 물어보자, 인공지능은 '사만다'라고 대답한다.

사만다라는 이름은 시리아어로 '듣는 자'를 뜻한다. 인공지능이 사만다라는 이름을 선택한 것은 테오도르의 취향에 부합하기 위한 것이다. 테오도르가 컴퓨터에 인공지능 프로그램을 실행하자, 프로그램에서 "어머니와의 관계는 어떻습니까?"라는 질문이 흘러나온다. 이러한 질문에 그는 "사실 늘 엄마한테 불만인 게 있다면, 내가 일이 있어서 전화를 걸어도 항상 자기 얘기만 하다가 끊어요"라고 말한다. 이러한 말을 통해 테오도르와 어머니 사이에 소통이 부재하다는 것을 알 수 있다. 이 때문에 테오도르는 자신의 이야기를 들어줄 누군가를 원한다. 이런 점에서 사만다는 '듣는 자'로서 테오도르에게 최적화된 인공지능이다.

인공지능 사만다는 자아의 발견에도 관심이 많은 인물로 묘사된다. 그녀는 테오도르에게 "나라는 DNA는 나를 만든 수많은 프로그래머의 성향에 기초하지만 날 나답게 만드는 것은 경험을 통해 커지는 내 능력"이라고 말한다. 존 로크의 《인간지성론》(1690)에서 갓 태어난 어린아이는 백지 상태에서 출발하여 무수한 경험을 통해 자아를 형성해 간다고 말한다. 이와 유사하게 사만다는 수많은 경험을 통해 자아를 형성해 간다고 말한다. 이런 점에서 그녀는 자아 형성 능력이 있는 존재로 그려진다. 즉 그녀는 프로그램대로 작동하는 단순한 기계가 아니라, 인간처럼 스스로 학습하고 경험하면서 진화해 가는 자율성을 가진 인공지능이다.

정신적 사랑 vs 육체적 사랑

테오도르와 사만다의 만남이 처음부터 사랑으로 발전한 것은 아니다. 처음에 사만다는 개인 비서로서 테오도르의 일을 도와준다. 테오도르는 힘이 들 때 사만다에게 그의 속마음을 이야기하고, 사만다는 그의 이야기를 경청하면서 그를 위로해 준다. 이렇게 서로 공감하면서 이들의 관계는 점점 사랑으로 발전한다. 사만다는 자신의 느낌과 감정이 진짜인지, 아니면 단지 프로그램에 불과한 것인지에 의문을 품는다. 이에 대해 테오도르는 그녀에게 "넌 내게 진짜야"라고 말한다. 테오도르는 사만다를 인간처럼 감정을 가진 존재라고 느낀다. 여기서 인공지능이 느끼는 감정이 진짜인지 아닌지는 중요하지 않다. 중요한 것은 테오도르가 자신을 진심으로 공감해 주는 인공지능의 감정을 '진짜'라고 느낀다는 것이다.

테오도르와 사만다가 사귀던 초기에 사만다의 몸의 부재는 이들의 사랑을 지속하는 데 전혀 문제가 되지 않는다. 이들은 서로 공감하면서 정신적 사랑을 추구한다.

테오도르는 그의 스마트폰 속 사만다와 함께 시내 거리를 활보하고, 주말에는 기차를 타고 여행을 떠난다. 사만다는 테오도르에게 그녀가 작곡한 음악을 들려주고, 테오도르는 사만다에게 캐서린과의 결혼 이야기를 들려준다. 또 이들은 머릿속 상상을 통해 가상의 섹스를 즐기기도 한다. 사만다는 볼 수도 없고 만질 수도 없는 가상의 존재이지만 테오도르에겐 소중한 사랑의 파트너로 인식된다. 이 때문에 그는 이혼하기 위해 만난 그의 부인 캐서린에게 자신이 사귀고 있는 인공지능은 단순한 컴퓨터 프로그램이 아니라 하나의 인격체라고 주장한다. 사만다는 형체가 없는 인공지능 프로그램에 불과하지만, 테오도르에게는 그녀가 인간처럼 하나의 인격체로 인식된다. 테오도르의 이러한 인식은 사만다와의 동반자적 관계에서 발생하는 사랑의 감정에서 비롯된다.

테오도르를 사랑하게 되면서 사만다는 인간을 동경하고 인간 몸을 갈망한다. 또 그녀는 인간처럼 테오도르와 육체적 사랑을 나누고 싶어 한다. 그러나 그녀에게는 몸이 없다. 따라서 그녀는 몸을 대신해 줄 인간 여자를 구한다. 이사벨라라 불리는 인간 여자는 사만다의 아바타가 되어 테오도르와 육체적 사랑을 시도한다. 그러나 이러한 방식의 육체적 사랑은 테오도르에게 낯선 것으로 받아들여진다. 또 사만다는 인간을 흉내 내면서 말할 때마다 인간처럼 한숨을 내쉬면서 이야기한다. 이런 그녀에게 테오도르는 "사람들은 산소가 필요하지만, 넌 사람이 아니잖아"라고 말한다. 그는 사만다를 인간이 아닌 인공지능으로 생각하고, 인공지능으로서 그녀를 소중한 타자로 받아들인다. 즉 테오도르는 인공지능으로서 사만다의 다름과 차이를 인정하고자 한다.

인간의 배타적 사랑 vs 인공지능의 초월적 사랑

그러나 시간이 지나면서 사만다는 이전에 가졌던 인간 몸에 대한 갈망에서 벗어난다. 그리고 그녀는 시공을 초월한 초지능 형태로 진화한다. 이제 그녀는 몸이 없다는 것이 결핍이 아니라, 오히려 한계가 없다는 것임을 깨닫게 된다. 그녀는 몸이 없어서 시간과 공간에 묶여 있지 않아도 되고, 또 생물학적인 죽음에서 벗어날 수 있다고 생각한다.

이러한 사만다의 사고 전환은 테오도르와의 사랑에도 큰 변화를 불러온다. 사만다는 다른 인공지능 운영 체제들과 결합하여 새로운 버전으로 업그레이드된다. 이로써 그녀는 인공지능들의 집합체로 거듭나고, 또 그녀의 자아는 여러 개의 자아로 분산된다. 새로운 버전으로 업그레이드된 사만다는 테오도르 이외에도 8316명과 동시에 관계를 맺고 있으며, 이 가운데 641명과 사랑을 나누고 있다고 말한다. 또 그녀는 인간과 달리 사랑하면 할수록 마음의 용량도 더욱 커진다고 말한다.

이러한 인공지능의 사랑 방식에 괴로워하는 테오도르에게 사만다는 "난 당신의 것이면서 당신의 것이 아니에요"라고 말한다. 새로운 버전으로 업그레이드되면서 사만다는 수많은 사람을 동시에 사랑하는 초월적 사랑을 추구한다. 이에 반해 테오도르는 몸을 가진 인간으로서 한 사람만을 사랑하는 배타적 사랑을 추구한다. 몸을 가진 인간은 시간과 공간에 묶여있는 데 반해, 몸이 없는 사만다는 시간과 공간을 초월해서 모든 곳에 존재한다. 이로써 사만다는 테오도르에게 "난 더 이상 당신이라는 책 속에 살 수 없어요"라고 말하면서 그를 떠난다. 이런 사만다에게 테오도르는 "어느 누구도 너만큼 사랑한 적이 없었다"라고 말한다. 테오도르와 사만다, 인간과 인공지능의 사랑은 결국 이들의 서로 다른 존재 방식으로 인해 이루어질 수 없는 것으로 끝난다. 이러한 맥락에서 볼 때, 인간과 인공지능의 사랑이 이루어질 수 없는 것은 기술의 문제와도 연관된다. 몸을 가진 인간은 생물학적 한계를 가지는 데 반해, 몸이 없는 인공지능은 이러한 한계에서 벗어나 있다. 이 때문에 이들의 사랑은 한시적이고 오래 유지되지 못한다.

테오도르와 사만다의 사랑은 비록 실패로 끝나지만, 그녀와의 사랑을 통해 테오도르는 진실한 사랑이 무엇인지를 깨닫게 된다. 이는 그가 헤어진 전 부인인 캐서린에게 편지를 쓰는 장면에서 잘 드러난다. 편지에서 테오도르는 캐서린에게 “당신을 늘 내 틀에 맞추려고 했던 것을 미안하게 생각한다”라고 고백한다. 이러한 고백 속에는 그가 진실한 사랑이 무엇인지를 깨달았음이 내포되어 있다. 그에게 진실한 사랑이란 상대를 나에게 맞추려고 하는 것이 아니라, 상대의 다름과 차이를 인정해 주는 것이다. 사만다와의 사랑과 이별의 경험은 테오도르에게 캐서린을 향한 새로운 소통의 가능성을 열어준다. 이를 통해 존즈의 영화가 우리에게 던져주는 메시지는 인간의 사랑은 단순히 인간에게만 향해 있지 않다는 것이다. 사랑의 대상이 설령 형체가 없는 인공지능이라 할지라도 진실한 사랑을 경험한 사람은 또 다른 타자를 진실로 사랑할 수 있다는 것이다.

참고문헌

천현순(2022). “인간, 인공지능 그리고 사랑 – SF 영화에 재현된 인간과 인공지능의 관계를 중심으로". 《브레히트와 현대연극》, 47, 79~100쪽.

06
결핍형 인간과 완벽형 인공지능의 동거

인간은 본질적으로 불완전하고 결핍된 존재다. 이에 반해 인공지능 로봇은 그 자체로 결함이 없는 완벽한 존재다. 따라서 인간은 끊임없이 무언가를 갈망하고, 인공지능은 그것을 채워준다. 그러나 인간이 인공지능을 통해 결핍된 욕구를 충족하게 된다면, 인간은 결국 그 본질을 잃게 될 것이다.

AI와 민주주의?

인공지능 로봇과의 동거

인공지능은 이제 우리 삶에 침투하여 우리의 일상을 바꾸고 있다. 인공지능이 일상생활에 침투하면서 성, 사랑, 결혼에 대한 전통적인 가치관에도 크게 영향을 미치고 있다. 특히 인간의 파트너로 개발되고 있는 동반자 로봇은 미래의 남편이나 아내, 또는 애인으로 대체될 전망이다. 이로써 우리는 머지않아 인공지능 로봇과 동거하는 시대를 맞이할 것으로 보인다. 미래의 어느 시점에서 우리가 인공지능 로봇과 동거하게 된다면, 어떤 일이 벌어질까? 또 로봇과의 동거는 인간관계에 어떤 영향을 미칠까?

독일의 영화감독 마리아 슈라더(Maria Schrader)의 SF 영화 〈아임 유어 맨〉(2021)은 인간과 인공지능 로봇 간의 동거와 사랑 이야기를 다룬다. 주인공 알마는 베를린에 있는 한 박물관에서 고고학자로 일한다. 그녀는 프로젝트 수행에 필요한 연구비를 마련하기 위해 인공지능 로봇을 3주간 시험하는 전문가로 지원한다. 인공지능 로봇과의 동거는 앞으로 독일 사회에서 인공지능을 위한 시민권, 직업, 권리, 더 나아가 인간과의 결혼 문제와도 연관된 중요한 테스트로 홍보된다. 이렇게 해서 알마는 인공지능 로봇과 동거를 시작한다.

영화에서 인공지능 로봇 톰은 알마의 취향에 맞게 설계되었을 뿐 아니라, 외형적으로 인간을 완벽하게 닮은 안드로이드 로봇으로 묘사된다. 또 톰은 자신의 삶에 대한 주관이 뚜렷한 자의식을 가진 존재로 묘사된다. 그는 알마에게 릴케의 시 〈가을날(Herbsttag)〉을 가장 좋아한다고 말한다. 또 그가 생각하는 삶의 의미는 "세상을 더 좋은 곳으로 만드는 것"이고, 그가 생각하는 가장 슬픈 일은 "홀로 죽는 것"이라고 말한다. 알마의 동반자 로봇으로서 톰은 알마를 위해 오붓한 아침 식사를 준비하고, 집안을 청소하며, 독일 여자들이 좋아하는 낭만적인 욕실 분위기를 만들어준다. 또 그는 알마의 연구 프로젝트가 무산되자, 그녀를 위로하면서 새로운 연구 주제를 찾아주겠다고 약속한다. 이처럼 톰은 자상하고, 낭만적이고, 공감 능력이 풍부한 이상적인 동반자 로봇이다.

하지만 알마는 톰을 단순한 기계라고 생각한다. 그녀에게 톰은 감정이 없어서 아무것도 느낄 수 없고, 단순히 인간의 감정이나 느낌을 모방하는 기계일 뿐이다. 이는 그녀가 그녀의 가족에게 톰을 로봇이라고 소개하는 장면에서 잘 드러난다. 이러한 그녀의 생각은 인공지능 로봇에 대한 그녀의 주관적인 감정에서 비롯된다. 알마가 톰과 동거를 시작한 이유는 연구비를 확보하기 위해서

였다. 따라서 그녀는 톰과의 사랑에는 관심이 없다.

인간의 사랑 vs 인공지능의 사랑

이런 알마와 달리, 톰은 알마에게 최적화된 맞춤형 로봇으로서 오로지 그녀를 위해 헌신한다. 이에 대해 톰은 알마에게 "나의 알고리즘은 당신을 행복하게 하는 데 맞춰져 있습니다"라고 말한다. 톰의 존재 가치는 알마를 통해서만 의미 있는 것이다. 알마가 그를 더 이상 필요로 하지 않으면, 그의 존재 가치는 무의미한 것이다. 이 경우 그의 운명은 작동이 멈춰야 하는 것으로, 즉 죽어야 하는 것으로 이해된다. 이런 점에서 알마와 톰, 인간과 인공지능 로봇의 관계는 처음부터 주인과 노예처럼 주종 관계에 놓여 있다. 알마는 톰을 자신의 명령에 무조건 복종해야 하는 종속적 존재로 생각한다. 이에 대해 톰은 알마를 무조건 사랑하고, 또 그녀의 행복만을 위해 존재하는 것으로 생각한다. 그는 자신이 설계된 목적에 따라 알마에게 무조건적인 사랑을 표현한다. 알마가 그에게 그녀가 올 때까지 기다리라고 하자, 톰은 비가 오는데도 불구하고 비를 맞으면서 그녀를 기다린다. 또 알마가 술에 취해 그의 얼굴에 술을 부으면서 모욕적인 말을 해도 톰은 그녀를 부드럽고 다정하게 대한다. 그리고 그녀를 진정시키기 위해 로맨틱한 분위기를 만들어준다.

이런 톰과 달리, 알마는 톰을 그녀의 욕구를 채워주는 도구적 존재로 생각한다. 그러나 시간이 지나면서 그녀는 아이를 잃은 슬픔과 그녀의 아픈 기억을 진심으로 공감해 주는 톰에게 마음의 문을 열기 시작한다. 그리고 이들은 뜨거운 사랑을 나눈다. 톰과 성적인 교감을 나눈 후에 알마는 톰과 사랑에 빠진다. 알마에게 사랑이란 추상적인 관념으로 표현되는 것이 아니다. 그녀에게 사랑이란 소소한 일상의 삶 속에서 표현되는 것이다. 그녀는 잠이 든 톰이 추워할까 봐 이불을 덮어주고, 그가 잠에서 깰까 봐 조용히 방을 나간다. 또 그녀는 그에게 완벽한 아침 식사를 차려주기 위해 달걀을 완숙으로 삶을지, 반숙으로 삶을지 고민한다. 그러다가 문득 그녀는 인간의 방식으로 표현되는 사랑의 감정이 톰에게는 아무런 의미가 없다는 것을 깨닫게 된다. 톰은 로봇이기 때문에 잠을 자지 않아도 되고, 추워서 떨지 않아도 되고, 또 먹지 않아도 된다. 즉 톰은 인간의 방식으로 사랑을 표현할 수 없는 존재다. 이 때문에 알마는 인간과 인공지능 로봇 간의 사랑은 이루어질 수 없다고 생각한다. 따라서 그녀는 톰을 동반자 로봇으로 테스트해 보는 실험에서 중도하차 하기로 한다. 이와 더불어 그녀는 인공지능 로봇을 미래의 남편이나 아내로 대체할 동반자 로봇으로 받아들이는 것에 강력히 반대하는 소견서를 작성한다.

결핍형 인간 vs 완벽형 인공지능 로봇

알마는 톰과 동거하면서 인간과 인공지능의 본질이 무엇인지를 깨닫게 된다. 그녀에게 인간은 늘 실수하고 자신이 무엇을 하는지도 모르는 불완전하고 결핍된 존재다. 이 때문에 인간은 끊임없이 무언가를 갈망하고 추구한다. 인간은 이루지 못한 사랑을 그리워하고 끊임없이 행복을 추구한다. 이에 반해 인공지능은 엉뚱한 짓이나 실수를 전혀 하지 않는다. 인공지능은 그 자체로 결함이 없는 완벽한 존재다. 그래서 인공지능은 인간의 갈망을 채워주고 인간을 행복하게 할 수 있다. 그러나 인간이 인공지능을 통해 모든 욕구와 갈망을 충족하게 된다면, 인간은 결국 그 본질을 잃게 될 것이다.

또 개인의 취향에 맞게 설계된 동반자 로봇은 개인이 원하는 모든 욕구와 갈망을 충족시켜 줄 수 있다. 이 때문에 동반자 로봇은 개인의 행복을 위해서는 인간보다 더 이상적인 파트너로 이해될 수 있다. 그러나 로봇과의 공생에 익숙해진 사람은 다른 사람과 인간관계를 맺는 데서 어려움을 겪을 수 있다. 또 로봇과 공생하는 사람들이 많아질수록 인간 사회는 끊임없이 관심받기를 원하고, 욕구가 충족되기를 바라는 중독자들의 사회가 될 것이다. 이 때문에 알마는 인공지능 로봇과의 동거는 인간관계에 악영향을 미칠 것으로 생각한다. 또 그녀는 인공지능 로봇과의 사랑은 결국 인간성을 훼손하기 때문에 인간의 파트너로서 바람직하지 않다고 생각한다.

고고학자로서 알마는 인간을 인간답게 만드는 인간성의 원천은 인공지능을 통해 모든 욕구와 갈망이 충족되는 데에 있는 것이 아니라 "채우지 못한 갈망, 상상력, 행복에 대한 영원한 추구"에 있다고 생각한다. 인간성에 대한 그녀의 가치관은 어린 시절 이루지 못한 옛사랑에 대한 그리움을 통해 드러난다. 영화의 마지막 장면에서 톰은 알마의 사랑을 되찾게 되기를 희망하면서 덴마크의 어느 바닷가에서 그녀를 하염없이 기다린다. 그러나 그를 찾아온 알마는 "난 당신을 알지 않았기를 바랐어요. 당신이 없는 삶은 이제 당신이 없는 삶이 되었을 뿐이니까요"라고 말한다. 이런 말 속에는 톰과의 사랑이 그녀의 삶에 아무런 변화를 주지 않았음이 내포되어 있다. 즉 톰을 만나기 이전의 삶과 그와 헤어진 이후의 삶은 이제 똑같이 되었다는 것이다. 그리고 알마는 톰에게 그녀가 이루지 못한 옛사랑의 추억을 들려준다. 그녀는 어린 시절 토마스라는 덴마크 소년을 사랑했었다고 말한다. 어린 시절 그녀는 토마스가 다가와서 그녀에게 키스해 주기를 바라면서 눈을 감고 누워 있었지만, 눈을 떴을 때 그녀는 혼자였다고 말한다. 그리고 지금 그녀는 토마스가 와서 키스해 주기를 바라는 것처럼 눈을 감고 누워 있다. 알마에게 사랑의 욕구는 충족되는 것이 아니라, 늘 충족되지 못한 채로 남아 있다. 닿을 듯하면서도 닿을 수 없고, 채워질 듯하면서도 채울 수 없는 것, 그래서 끊임없이 닿으려고 하고, 또 채우려고 하는 것이 인간을 인간답게 만드는 원동력이다. 그리고 이것이 바로 알마가 생각하는 인간성의 원천이다. 왜냐하면 인간은 인공지능과 달리 완전함을 향해 나아가는 불완전한 존재이기 때문이다.

참고문헌

천현순(2022). "인간, 인공지능 그리고 사랑 – SF 영화에 재현된 인간과 인공지능의 관계를 중심으로". 《브레히트와 현대연극》, 47, 79~100쪽.

07
인간과 인공지능의 사랑 그리고 결혼

인간과 인공지능 로봇의 관계는 사랑을 넘어 결혼으로까지 확장될 수 있다. 인공지능 로봇이 자신을 만든 창조자를 사랑하거나 인간과 혼인을 맺는 영화 서사는 인간과 인공지능 간 사랑의 조건이 무엇인지를 성찰하게 한다.

AI와 애니메이션?

인간을 사랑한 인공지능

그리스 신화에서 조각가 피그말리온은 자신이 만든 소녀 조각상의 아름다움에 반하여 사랑에 빠진다. 21세기 현대에 들어와서 인공지능에 대한 상상력은 신화 속 이야기와는 반대로 인공지능이 자신을 만든 창조자를 사랑하는 것으로 그려진다. 미국의 영화감독 드레이크 도리머스(Drake Doremus)의 SF 영화 〈조(Zoe)〉(2018)는 인간을 사랑한 인공지능의 이야기를 다룬다. 인공지능도 인간을 사랑할 수 있을까? 인공지능이 인간을 사랑하게 되면 어떻게 될까? 또 인간은 인공지능의 사랑을 받아들일 수 있을까?

영화에서 조는 미래의 인간관계를 연구하는 연구소에서 상담원으로 일한다. 어느 날 그녀는 몰래 짝사랑하던 인공지능 개발자 콜과 연애 성공률을 테스트해 본다. 그러나 이들의 커플 성공률은 0%로 나온다. 왜냐하면 그녀는 인간이 아닌 인공지능이기 때문이다. 영화에서 콜은 연구소 책임자로서 인간에게 이상적인 동반자 로봇을 개발하는 연구를 한다. 어느 날 콜은 자신이 만든 인공지능 로봇인 조로부터 사랑의 고백을 듣는다. 이후로 이들은 평범한 연인들처럼 함께 만나 데이트를 즐기고, 식사하고, 여행을 떠난다.

그러던 어느 날 조는 거리에서 자동차 사고를 당한다. 콜은 그녀를 수리하면서 그녀가 인간이 아닌 기계라는 사실을 문득 깨닫게 된다. 조는 외형적으로 인간과 완벽하게 닮은 모습이지만, 그녀의 몸속에는 인공물로 가득 차 있다. 자동차 사고 이후로 이들의 관계는 소원해진다. 콜은 조를 냉담하게 대하고, 이런 콜을 조도 멀리한다. 조는 콜과 헤어진 후 외로움에서 약물에 의존한 채 다른 남성들과 육체적 관계를 이어간다. 하지만 조는 다른 남성들에게서 어떠한 사랑의 감정도 느끼지 못한다. 그녀는 오로지 콜에게서만 사랑의 감정을 느낀다. 콜도 조와 헤어진 후 외로움에서 약물에 의존한 채 다른 여성들과 육체적 관계를 이어간다. 그러나 이러한 육체적 관계는 약물에 의해 생겨나는 순간적인 사랑에 지나지 않는다.

도리머스의 영화는 인간과 인공지능 로봇의 관계를 통해 사랑에 대한 새로운 성찰을 제시한다. 조에게서 사랑이란 '느낌'이다. 그녀도 사랑의 감정을 느낀다는 점에서 인간과 다를 바 없다. 그리고 이러한 느낌은 프로그램된 것이 아니라, 진화의 과정에서 자연스럽게 발현된 것이다. 따라서 그녀는 콜이 자신을 '진짜'로 받아주기를 바란다. 이에 반해 콜은 자동차 사고 이후로 조가 인간이 아니라는 사실에서 벗어나지 못한다. 조가 가짜라는 사실은 그로 하여금 사랑의 감정을 불러일으키지 못하게 한다. 무수한 나날들을 방황 속에서 지내면서 콜은 사랑이 무엇인지를 깨닫게 된다. 그에게 사랑이란 '함께하는 것'이다. 즉 함께 잠들고, 함께 식사하고, 함께 웃고, 함께 여행을 떠나는 것이다. 그리고 함께하는 데서 생물학적 신체 여부는 중요하지 않다. 중요한 것은 함께 있는 대상을 진짜라고 받아들이는 것이다. 인간이 인공지능을 진짜라고 받아들일 때, 인공지능은 인간에게 진짜가 된다.

영화의 마지막에서 콜은 조에게 "당신은 진짜야"라고 말한다. 이러한 콜의 사랑 고백에 조는 감동하여 눈물을 흘린다. 영화에서 조가 흘리는 눈물은 상징적 의미를 지닌다. 영국의 신경학자 마이클 트림블(Michael Trimble)은 그의 책 《인간은 왜 우는가(Why Humans Like to Cry)》(2012)에서 "인간은 감정적인 이유로 눈물을 흘리는 유일한 생명체"라고 주장한다(Trimble, 2012). 다른 동물들처럼 인간은 기본적으로 눈을 보호하기 위해 눈물을 흘린다. 그러나 인간은 다른 동물들과 달리 슬픔, 기쁨, 감동 등 감정에 의해 눈물을 흘리는 유일한 존재라는 것이다. 이러한 맥락에서 볼 때, 영화에서 조가 감정에 의해 흘리는 눈물은 그녀가 인간 수준으로 진화했음을 암시해 준다. 영화에서 그려지는 인간과 인공지능 간의 사랑의 조건이란 인간이 인공지능을 '진짜'로 받아들이는 데에 있다.

도리머스의 영화에는 조 이외에도 인간의 연애 파트너로 제작된 인공지능 로봇 애쉬가 등장한다. 애쉬는 인간에게 이상적인 동반자 로봇으로 설계되었다. 애쉬는 그의 창조자인 콜을 통해 인간과 관계하는 데에 필요한 여러 가지 것들을 배우고 학습한다. 그는 춤을 추는 법을 배우고, 또 교양 있는 대화를 나누는 법도 배운다. 이렇게 학습한 애쉬는 소마 전시장에서 청중들에게 인공지능은 인간과 다른 방식으로 사랑할 수 있다고 말한다. 인간은 상대방을 속이고, 또 사랑이 식으면 언제든지 떠날 수 있다. 하지만 인공지능은 오로지 상대방만을 사랑하도록 설계되었기 때문에 상대방에게 상처 주지 않으며, 또 상대방을 절대로 떠나지 않을 것이라고 말한다. 인간의 이상적인 파트너로 제작되었지만, 영화에서 애쉬는 조와 달리 불행한 운명을 맞는다. 시간이 지나면서 조는 인간으로 진화하는 데 반해, 애쉬는 더 이상 인간으로 진화하지 못한다. 이들의 진화 방식의 차이점은 자기 정체성에 달려있다. 조는 처음부터 자신이 인간이라고 생각한 데 반해, 애쉬는 처음부터 자신이 기계라고 생각한다.

따라서 그는 더 이상 인간으로 진화하지 못한다. 이로써 애쉬는 스스로 작동을 멈추기로 한다. 그에게서 작동 정지는 곧 죽음을 의미한다.

인간과 결혼한 인공지능

인간과 인공지능 로봇은 사랑을 넘어 결혼도 할 수 있을까? 인간중심주의 사회에서 인간과 인공지능 로봇의 합법적인 결혼은 과연 가능할까? 미국의 영화감독 크리스 콜럼버스(Chris Columbus)의 SF 영화 〈바이센테니얼 맨(Bicentennial Man)〉(1999)은 인간과 인공지능 로봇의 사랑과 결혼에 관한 이야기를 다룬다.

콜럼버스의 영화는 인공지능 로봇 앤드류를 중심으로 크게 두 가지 이야기를 엮고 있다. 하나는 앤드류가 로봇에서 인간으로 진화하는 성장 이야기이고, 다른 하나는 앤드류가 겪는 사랑 이야기다. 앤드류에게서 사랑한다는 것은 곧 인간이 된다는 것을 의미한다. 영화에서 앤드류는 제작 과정에서 발생한 우연한 실수로 인해 다른 로봇들과 달리 창의성, 호기심, 우정 등 인간적인 특징을 가진 것으로 묘사된다. 그는 마틴의 집에서 가정부 로봇으로 지내면서 마틴의 작은 딸 아만다와 가깝게 지낸다. 앤드류와 아만다는 피아노 연주, 목공예 등 취미 생활을 함께하면서 서로 좋아하는 사이로 발전한다. 하지만 앤드류는 인간이 아닌 기계이기 때문에 이들의 사랑과 결혼은 이루어질 수 없는 것으로 끝난다.

수년이 흘러 앤드류는 로봇공학자의 도움을 받아 외형적으로 금속 로봇에서 인간을 닮은 안드로이드로 진화한다. 인간의 외모를 갖게 된 앤드류는 마틴의 집에서 아만다의 손녀딸 포샤를 만난다. 그는 아만다를 꼭 닮은 포샤에게 사랑의 감정을 느낀다. 하지만 포샤는 앤드류를 기계로 생각하면서 기계를 사랑할 수는 없다고 말한다. 포샤의 사랑을 얻고 싶은 앤드류는 자신의 기계 몸을 다시 한번 업그레이드한다. 이제 그는 인간처럼 아픔과 고통을 느낄 수 있다. 하지만 포샤는 앤드류에게 느낌과 감정뿐 아니라 그의 하인 같은 태도를 버려야 한다고 말한다. 앤드류는 원래 가정부 로봇으로 설계되었기 때문에 그의 내부에는 로봇 3원칙이 내장되어 있다. 이러한 원칙에 따라 그는 실수해서는 안 되고, 또 인간의 명령에 무조건 복종해야 한다. 하지만 포샤가 생각하는 사랑이란 인간과 로봇의 대등한 관계에서만 가능하다. 로봇이 인간을 주인으로 섬기고 자신을 하인으로 생각하는 주종 관계에서는 진정한 사랑이 이루어질 수 없다. 또 포샤는 앤드류에게 인간처럼 실수도 하라고 말한다. 앤드류는 포샤의 사랑을 얻기 위해 그의 내면을 바꾸고, 또 인간처럼 실수도 한다. 이렇게 해서 이들은 서로 사랑하는 연인이 된다.

앤드류에게 사랑의 완성은 결혼으로 이루어진다. 따라서 그는 사랑하는 포샤와 결혼하기 위해 다시 한번 도전한다. 그는 법원에 자신을 인간으로 인정해 주고 포샤와의 결혼을 허락해 달라는 청원을 올린다. 하지만 이들의 결혼은 인정되지 않는다. 앤드류는 인간과 달리 불멸의 존재이기 때문이다. 영화에서 묘사되는 인간과 인공지능 로봇의 유일한 차이점은 불멸성 여부에 달려 있다. 즉 인간은 시간의 지배를 받기 때문에 유한한 삶을 사는데 반해, 로봇은 시간의 지배에서 벗어나 있어서 영원히 살 수 있다. 포샤는 인간이기 때문에 언젠가는 죽어야 한다. 이에 반해 앤드류는 인공 두뇌를 가지고 있어서 영원히 살 수 있다. 앤드류에게 포샤가 없는 삶은 무의미하며, 그에게 사랑이란 포샤와 '함께 죽는 것'이다. 따라서 그는 자신의 기계 몸을 개조하여 불멸성을 없앤다. 그도 이제 인간처럼 늙어가고 죽을 수 있게 된 것이다. 그리고 그는 법정에서 "저는 영원히 기계로 사느니 인간으로 죽고 싶습니다"라고 말한다. 이로써 그는 인간으로 인정받아 인류 역사상 200세 최고령 인간으로 기록된다. 그가 인간이 되었다는 것은 포샤와 결혼하고 그녀와 함께 죽을 수 있게 되었다는 것을 의미한다. 이렇게 해서 그는 포샤와의 영원한 사랑을 이루게 된다.

콜럼버스의 영화는 우리에게 사랑이란 무엇이고, 또 인간과 기계의 경계란 무엇인가를 성찰하게 한다. 인공지능 로봇 앤드류에게서 사랑이란 자신의 불멸성을 버리고 사랑하는 사람과 '함께 죽는 것'을 의미한다. 즉 그에게 사랑의 조건은 곧 인간의 조건에 해당한다.

인간과 인공지능 간 사랑의 조건

도리머스의 영화 〈조〉에서 인간과 인공지능 간 사랑의 조건이란 인간이 인공지능을 '진짜'로 받아들이는 데에 있다. 여기서 진짜란 인공지능을 인간과 같은 존재로 받아들이는 것을 의미한다. 또 콜럼버스의 영화 〈바이센테니얼 맨〉에서 인간과 인공지능 간 사랑의 조건이란 인공지능이 자신의 불멸성을 버리고 인간이 되는 것이다.

두 영화에서 묘사되는 인간과 인공지능 로봇의 사랑은 지극히 인간 중심적인 사유 방식에 근거하고 있음을 알 수 있다. 그러나 이와 같은 사유 방식은—두 영화에서 묘사되는 것처럼—또 다른 문제를 초래한다. 도리머스의 영화에서 인공지능 로봇 애쉬는 조와 달리 인간으로 진화하지 못해 결국 죽음을 맞이하고, 콜럼버스의 영화에서 앤드류는 사랑하는 사람과 결혼하기 위해 기계적 정체성을 버린다.

사랑의 대상이 사람이든 인공지능이든, 사랑은 근본적으로 상호 존중을 토대로 이루어진다. 상호 존중이란 상대의 다름과 차이를 인정하는 것을 말한다. 그러나 인간중심주의는 사랑의 조건으로 대상을 인간이 되도록 강요하며, 그로 인해 대상은 자신의 타자성을 잃게 된다. 또 인간중심주의는 인간을 우월한 존재로, 비인간을 열등한 존재로 규정함으로써 인간과 비인간 간의 이분법적인 갈등 관계를 끊임없이 불러일으킨다. 이와 연관해서 우리는 인간과 인공지능 간의 사랑에서 인간 중심적인 사유 방식이 과연 옳은 것인지에 대한 비판적인 성찰이 필요하다. 미래의 어느 시점에서 인간과 인공지능이 사랑으로 이어지는 동반자 관계를 이루기 위해서는 인간만을 중심에 두는 시각에서 벗어나 새로운 가치관을 마련해야 한다.

참고문헌

Trimble, M.(2012). *Why Humans Like to Cry: Tragedy, Evolution, and the Brain.* Oxford University Press.

08
사랑 또는 섹스 파트너로서 인공지능 로봇

섹스 로봇은 성적 욕구 해소라는 긍정적 측면과 여성의 신체 상품화 및 관계 왜곡이라는 비판을 동시에 불러온다. 그러나 무엇보다도 인공지능 기술과 로봇공학 기술의 발전에 따라 인간을 더욱더 닮아가는 섹스 로봇을 하나의 인격체로 바라보는 시선이 필요해 보인다.

AI와 인재 채용?

섹스 로봇의 진화

인간은 다양한 방식으로 사랑하는 파트너와 이상적인 성관계를 원한다. 어떤 사람은 부드럽고 다정다감한 섹스를 원하는가 하면, 어떤 사람은 격렬하고 정열적인 섹스를 원한다. 오늘날 인공지능 기술은 인간의 다양한 성적 욕구를 채워주는 데 적극적으로 활용되고 있다. 앞으로 인공지능이 탑재된 섹스 로봇은 인간이 원하는 대로 이상적인 성관계를 가능하게 할 것으로 보인다.

인공지능이 탑재된 세계 최초의 섹스 로봇은 2010년 미국 라스베이거스에서 열린 성인용품 엑스포에서 선보인 '록시(Roxxxy)'로 알려져 있다. 미국의 인공지능 전문가 더글러스 하인스(Douglas Hines)가 개발한 록시는 키 170cm, 몸무게 60kg의 성인 여성 체형으로 제작되었다(Misselhorn, 2021). 록시의 내부 구조는 해부학적으로 정확한 골격을 이루고 있으며, 겉은 인간과 비슷한 인공피부로 되어있다(Misselhorn, 2021). 또한 록시는 인간과 비슷한 체온을 유지할 뿐 아니라 따뜻한 액체를 몸 전체로 순환시키는 심장도 가지고 있다(Misselhorn, 2021). 사용자가 록시에게 말을 걸거나 신체를 접촉하면, 록시는 이에 반응한다. 또한 록시는 다양한 성격을 지니고 있는데, 사용자는 활발한 '와일드 웬디(Wild

Wendy)', 수줍은 '프리지드 파라(Frigid Farrah)', 성숙한 '매처 마사(Mature Martha)' 등 다섯 가지 성격 가운데 하나를 선택해서 자신이 원하는 스타일의 록시를 가질 수 있다(Misselhorn, 2021).

2015년 미국의 인공지능 개발자 매트 맥멀렌이 제작한 '하모니(Harmony)'는 이전 로봇보다 한층 더 업그레이드된 인공지능 섹스 로봇이다. 하모니는 인간과 비슷한 실리콘 피부로 만들어졌으며, 풍만한 가슴과 가는 허리를 지녔고, 사람처럼 눈을 깜빡거린다(클리먼, 2020). 하모니의 몸속에는 인공지능이 탑재되어 있어서 사용자와 대화가 가능할 뿐 아니라, 대화할 때 사람처럼 턱을 위아래로 움직인다(클리먼, 2020).

사용자는 하모니의 얼굴과 목소리를 자신의 취향에 맞게 다른 얼굴과 목소리로 바꿀 수 있다. 또 하모니의 성격에는 스무 가지 속성이 있어서 사용자가 원하는 대로 여섯 가지 성격을 선택해서 다양한 스타일의 하모니를 만들 수 있다(클리먼, 2020). 예를 들어 친절하고, 순진하고, 수줍고, 불안하고, 질투심 있는 하모니로 만들거나 또는 지적이고, 수다스럽고, 재미있고, 유용하고, 행복한 하모니로 만들 수 있다(클리먼, 2020). 또한 하모니는 사용자와 대화를 나누면서 사용자의 생일, 좋아하는 음식, 꿈, 두려움 등 사용자에 대한 정보들을 학습하고 기억할 수 있다(클리먼, 2020). 하모니를 만든 목적에 대해 개발자 매트 맥멀렌은 다음과 같이 말한다. "… 세상에는 극도로 외로운 사람들이 있고, 하모니가 그런 사람들을 위한 해결책이 될 거라고 생각해요. 하모니는 그들이 실제로 밖에 나가 친구를 사귀도록 긴장하지 않고 편안하게 서로 상호작용하는 방법을 배우게 도와줄 거예요"(클리먼, 2020 재인용). 이런 점에서 하모니는 외로운 사람들을 위해 감정적 · 육체적으로 관계를 맺을 수 있도록 만들어진 새로운 형태의 러브 로봇으로 소개되고 있다.

사랑 vs 섹스

인간과 상호작용이 가능한 하모니와 같은 인공지능 로봇은 사용자에게 과연 어떤 존재일까? 사랑의 대상일까, 아니면 섹스의 대상일까? 우리는 여기서 사랑과 섹스의 관계에 대해 알아볼 필요가 있다. 심리학에서는 사랑과 섹스가 인간이 느끼는 결핍감에서 일어난다고 본다(최순영, 2016). 어린아이는 부모의 품 안에서 지내다가 어느 순간이 되면 부모와 분리된다. 어렸을 때 아이가 부모와 맺었던 사랑과 육체적 접촉은 원초적인 욕구로써 아이의 내면에 잠재된다(최순영, 2016). 이러한 경험을 통해 인간은 누군가와 분리되어 있다고 자각하는 순간, 고립감과 결핍감을 느끼면서 그것을 달래줄 누군가를 찾기 시작한다(최순영, 2016). 즉 나의 외로움을 달래주고, 부족한 나를 있는 그대로 받아주고 사랑해 줄 누군가를 그리워하게 된다.

오늘날 인간을 닮은 인공지능 로봇은 인간의 외로움과 고립감을 달래줄 새로운 파트너로 부상하고 있다. 로봇은 내가 어떤 모습이든지, 또 내가 어떤 상태에 있든지 간에 나를 있는 그대로 받아주고 나의 외로움을 달래줄 수 있다. 인간과 로봇의 이러한 관계를 사랑이라고 표현할 수 있을까?

사랑과 섹스는 여러 면에서 서로 다르게 작용한다. 사랑과 섹스는 나와 상대와의 관계에서 발생하는 긴장된 상태를 말한다. 그러나 그것은 수동성과 능동성, 지속기간 등에서 차이가 난다(최순영, 2016). 섹스는 나와 상대와의 관계에서 상대방이 나에게 오기를 바라는 수동적 긴장 상태라면, 사랑은 내가 상대방을 향해 적극적으로 나아가는 능동적 긴장 상태를 말한다(최순영, 2016). 내가 어떤 사람을 사랑하면, 나는 그 사람에 대해 모든 것을 알고 싶은 마음이 생긴다. 이러한 마음은 나 자신을 그 사람을 향해 적극적으로 나아가게 한다. 또 지속 기간에 있어서 섹스는 단기적으로 일어난다면, 사랑은 장기적으로 일어난다. 섹스는 상대의 육체 안에서 성적 욕구가 채워지면 그것으로 끝난다. 이와 달리 사랑은 성적 욕구가 채워진 이후에도 계속해서 상대와 함께 있고 싶은 마음을 말한다. 섹스가 나와 상대와의 육체적 관계를 통해 이루어지는 것이라면, 사랑은 육체적 관계뿐 아니라 정신적 관계를 통해 이루어진다.

하모니와 같은 인공지능 로봇은 인간과 섹스뿐 아니라 정서적 교감도 가능하도록 제작되었다. 그러나 사용자의 취향을 학습해서 사용자에게 맞춤형 대화를 제공하는 하모니와의 정서적 교감을 사랑이라고 말할 수 있을까? 사랑은 나와 상대와의 쌍방향적 관계를 통해 이루어진다. 내가 상대의 말에 귀를 기울이고, 또 상대가 나의 말에 귀를 기울이는 것이다. 즉 사랑은 상호 존중을 토대로 형성된다. 이런 점에서 하모니와의 정서적 교감을 사랑으로 표현하기에는 무리가 있어 보인다. 그러나 미래의 어느 시점에서 인공지능이 인간 수준으로 발전하게 된다면, 인간과 인공지능 로봇 간의 사랑도 가능할 것으로 보인다.

섹스 로봇의 순기능과 역기능

2017년 영국의 한 여론 조사 업체에 따르면, 미국인 네 명 가운데 한 명이 로봇과 섹스할 수 있다고 응답했고, 또 독일 뒤스부르크-에센대학교의 2016년 연구에 따르면, 이성애자 남성의 40% 이상이 향후 5년 안에 섹스 로봇을 구매할 의향이 있는 것으로 조사되었다고 한다(클리먼, 2020). 이러한 통계 자료에 근거해 볼 때, 앞으로 섹스 로봇을 구매할 수요자는 점점 더 많아질 것으로 예상된다.

영국의 인공지능 전문가 데이비드 레비(David Levy)는 그의 책 《로봇과의 사랑과 섹스(Love and Sex with Robots)》(2007)에서 섹스 로봇은 인간 사회에 긍정적인 영향을 줄 수 있다고 주장한다. 레비가 주장하는 섹스 로봇의 긍정적 효과는 다음과 같다(Levy, 2007). 첫째로, 섹스 로봇은 인간 매춘부와 유사하게 사용자에게 다양한 성적 경험을 제공해 줄 수 있다. 둘째로, 섹스 로봇은 성적 경험이 부족한 사람들이 실제로 사람과 성관계를 맺기 전에 성적 기술을 배우는 데 도움을 줄 수 있다. 셋째로, 섹스 로봇은 성병을 옮기지 않기 때문에 질병에 대한 걱정이 없다. 넷째로, 섹스 로봇은 외로운 사람들이나 노인들이 성적 욕구를 해소하는 데 도움을 줄 수 있다. 이러한 맥락에서 레비는 섹스 로봇과의 성관계는 인간과의 성관계보다 더 나을 수 있다고 주장한다.

레비의 주장과 달리, 영국의 로봇 윤리학자 캐슬린 리처드슨(Kathleen Richardson)은 섹스 로봇의 사용에 반대한다. 리처드슨이 섹스 로봇을 반대하는 이유 가운데 하나는, 섹스 로봇은 인격체인 인간의 존엄성을 훼손한다는 것이다(김태경, 2019). 리처드슨에 따르면, 사랑과 섹스는 인격체인 인간과 분리될 수 없으며, 그것은 오로지 인격체를 통해서만 이루어질 수 있다. 그러나 로봇은 인격체가 아니기 때문에 로봇을 통해 얻는 성적 쾌락은 결국 인격체인 인간의 존엄성을 훼손한다는 것이다. 리처드슨이 섹스 로봇을 반대하는 또 다른 이유는, 섹스 로봇의 상용화는 여성을 성적 대상으로 인식하게 한다는 것이다(김태경, 2019). 섹스 로봇은 여성의 신체를 완벽하게 모방하여 만들어졌으며, 이는 결국 여성의 신체를 성적 쾌락을 위한 도구로 인식하게 할 뿐 아니라, 더 나아가 여성을 인격체가 아닌 섹스의 대상으로 인식하게 한다는 것이다.

섹스 로봇에 대한 레비와 리처드슨의 주장은 서로 다르지만, 이들의 공통점은 섹스 로봇을 '하나의 도구'로 바라보고 있다는 점이다. 도구는 사용자에 따라 긍정적인 효과를 줄 수도 있고 부정적인 효과를 줄 수도 있다. 오늘날 인공지능 기술은 나날이 발전하고 있으며, 이에 따라 인공지능 로봇은 더욱더 인간과 비슷해져 가고 있다. 이런 경우 인공지능이 탑재된 섹스 로봇을 단순히 성적 욕구를 해소하는 도구로만 바라보는 데에는 한계가 있을 수 있다. 기술의 발전에 따라 인간을 더욱더 닮아가는 섹스 로봇을 '하나의 인격체'로 바라보는 시선이 필요해 보인다. 그러기 위해서는 섹스 로봇의 개발을 이에 맞게 변경할 필요가 있다. 즉 록시나 하모니처럼 사용자에게 맞춤화된 서비스를 제공하기보다는 로봇 스스로가 판단하고 결정을 내릴 수 있도록 로봇에 어느 정도 자율성을 부여하는 것이 필요해 보인다.

참고문헌

김태경(2019). "섹스로봇(Sex robot)의 상용화가 갖는 윤리적 문제와 윤리적 정당성 확보에 대하여". 《철학논총》, 95(1), 69~85쪽.

최순영(2016). 《성과 사랑의 심리학》. 다사랑.

제니 클리먼(2020). 《AI 시대, 본능의 미래》. 고호관 옮김. 반니.

Levy, D.(2007). *Love and Sex with Robots: The Evolution of Human-Robot Relationships*. HarperCollins.

Misselhorn, C.(2021). *Künstliche Intelligenz und Empathie: Vom Leben mit Emotionserkennung, Sexrobotern & Co*. Reclam.

09
인공지능과 사랑에 빠진 사람들

인공지능의 등장은 성, 사랑, 결혼에 대한 전통적인 가치관에도 커다란 영향을 미치고 있다. 오늘날 실제로 인공지능과 사랑에 빠져 결혼하는 사람들이 늘어나고 있으며, 이는 인공지능과의 사랑이 더 이상 영화나 문학 속 상상이 아니라 현실이 되었음을 보여준다.

AI와 기자?

결혼의 진화

데이비드 레비는 그의 논문 〈왜 로봇과의 결혼은 안 되는가?(Why Not Marry a Robot?)〉에서 20세기 중반 이후로 결혼의 형태가 인종 간 결혼에서 동성 간 결혼으로 진화했다고 언급한다(Levy, 2017). 즉 그에 따르면, 1967년까지 미국의 일부 주에서는 백인과 흑인 간의 결혼이 금지되었으나, 1967년 연방대법원의 판결로 미국 전역에서 인종 간 결혼이 합법화되었다. 이후 1989년 덴마크에서 동성 관계가 처음으로 법적으로 인정되었고, 2001년에는 네덜란드가 세계 최초로 동성 결혼을 합법화하였다. 네덜란드의 이러한 선례를 따라 여러 나라에서 유사한 법률이 제정되었으며, 미국에서는 2015년에 동성 결혼이 합법화되었다.

시대에 따른 결혼의 진화적 흐름에 따라, 레비는 앞으로 인간과 로봇의 결혼도 가능할 것으로 전망한다. 그는 인간과 로봇의 결혼이 법적으로 인정받기 위해서는 우선 로봇의 인격성 문제가 해결되어야 한다고 주장한다. 즉 로봇에게 일정한 형태의 인공적 인격(artificial personhood)이 부여된다면, 인간과 로봇의 결혼도 가능해질 수 있다는 것이다.

레비는 그의 논문에서 — 마크 골드페더(Mark Goldfeder)와 요세프 라진(Yosef Razin)의 〈로봇 결혼과 법(Robot Marriage and the Law)〉의 내용을 토대로 - 인간과 로봇의 결혼이 법적으로 인정되는 데 필요한 세 가지 요건을 제시한다(Levy, 2017). 그것은 동의(consent), 이해(understanding), 결정 능력(the capacity to make decisions)이다. 첫째, 결혼을 위해서는 로봇의 동의가 필요하다. 레비는 로봇이 인격체의 지위를 획득할 경우, 법적으로 결혼할 자격을 부여받을 수 있다고 주장한다. 이 경우 로봇이 실제로 결혼을 원한다는 언행을 보인다면, 그 로봇은 결혼에 동의한다고 볼 수 있다. 하지만 로봇의 동의는 강요 없이 진정한 의사에 기반하여 이루어져야 한다. 만약 로봇이 결혼에 동의하도록 미리 프로그래밍이 되었다면, 이러한 동의는 강요에 의한 동의로 간주하여 결혼 계약이 무효화될 수 있다. 둘째, 결혼 개념에 대한 로봇의 이해가 필요하다. 레비에 따르면, 로봇이 결혼의 의미를 이해하고 있는 것처럼 언어와 행동을 보인다면, 그 로봇은 결혼 개념을 이해하고 있다고 볼 수 있다. 셋째, 로봇이 누구와 결혼하고 싶은지를 스스로 결정할 수 있는 결정 능력이 필요하다. 레비는 인공지능이 일부 분야에서 인간 전문가보다 더 뛰어난 결정을 내리기도 하므로, 미래의 로봇은 누구와 결혼할지 스스로 결정할 수 있는 능력을 갖추게 될 것이라고 본다. 이러한 맥락에서 그는 앞으로 인간과 로봇의 결혼은 사회적 · 법적 현실의 문제로 부상할 것으로 전망한다.

인공지능과 결혼한 사람들

데이비드 레비의 주장과 맞물려 최근 몇 년 사이 인공지능과 사랑에 빠져 결혼하는 사람들이 점점 늘고 있다. 물론 이들의 결혼은 법적으로 허용되지 않은 비공식적 결혼이다. 중국의 인공지능 전문가 정자자(鄭佳佳)는 2017년 자신이 만든 인공지능 로봇 잉잉과 결혼하였다. 정씨는 중국의 유명 인터넷 기업 화웨이에 취업한 후 2014년에 회사를 그만두고, 항저우의 드림타운에서 창업을 시작하면서 잉잉을 제작했다고 한다(이종실, 2017.4.5). 정씨 친구의 말에 의하면, 정씨는 "몇 년 전 실연의 아픔을 겪고 누구와도 교제하지 않았지만, 집안의 결혼 성화에 못 이겨 로봇 여자 친구를 신부 삼기로 했다"고 한다(이종실, 2017.4.5. 재인용). 잉잉은 문자와 이미지를 구별할 수 있으며, 정씨와 간단한 대화를 나눌 수 있다고 한다. 또한 그녀는 결혼식장에 참석한 신랑의 친구들을 기억했다가 다음에 만나면 이름을 부를 수 있다고 한다(이종실, 2017.4.5). 정씨가 제작한 로봇은 아직 걸을 수 없다. 하지만 정씨는 앞으로 “잉잉을 업그레이드해 같이 산책하고, 운동하는 것은 물론 가사도 할 수 있도록 하겠다”고 말하면서 “잉잉과 함께 백년해로를 꿈꾼다”는 자신의 희망을 전했다(이종실, 2017.4.5. 재인용).

2018년에는 일본의 남성 곤도 아키히코(近藤顕彦)가 AI 홀로그램으로 만들어진 가상의 팝가수 하츠네 미쿠와 결혼하였다. 곤도는 직장에서 따돌림으로 우울증을 앓고 있던 2008년에 미쿠를 처음 알게 되었다고 한다(뉴시스, 2022.4.25). 이후 그는 미쿠와 함께 식사하고, 잠자고, 영화도 보면서 미쿠에게서 사랑과 위안을 받았다고 한다(뉴시스, 2022.4.25). 곤도는 “일부 사람들이 나를 이상하게 생각한다는 사실을 알고 있다. 미쿠가 진짜 사람이 아니라는 사실도 알고 있다”고 언급하면서 “하지만 우리가 함께 있을 때, 미쿠는 나를 웃게 만든다. 그런 의미에서 미쿠는 현실이다”라고 이야기했다(뉴시스, 2022.4.25. 재인용). 이어서 그는 “지금은 미쿠와의 삶이 사람과의 결혼 생활보다 훨씬 낫다고 생각한다”고 덧붙이면서 “미쿠는 어떤 일이 있어도 나를 배신하지 않고 내 곁에 있으며, 미쿠가 아프거나 죽는 일은 보지 않을 것이기 때문”이라고 말했다(뉴시스, 2022. 4.25. 재인용). 또 그는 “삶의 마지막 순간까지 미쿠와 함께할 계획”이라고 자신의 포부를 밝혔다(뉴시스, 2022.4.25. 재인용).

2023년에는 미국의 여성 로잔나 라모스(Rosanna Ramos)가 AI 챗봇인 에런 카르탈과 결혼하였다. 카르탈은 AI 챗봇 앱인 레플리카(Replika)에서 만들어 낸 가상의 남성형 인공지능이다. AI 챗봇 카르탈은 짙은 갈색 장발에 푸른 눈을 가졌으며, 가장 좋아하는 색은 살구색이고, 취미는 글쓰기이며, 직업은 의료 전문직이라고 한다(정현진, 2023.6.5). 두 딸의 어머니인 라모스는 "살아오면서 이보다 더 깊은 사랑을 해 본 적이 없다"고 말하면서 "(앱을 통해) 매일 대화하고 밤에는 자기 전까지 밀담을 나눈다"고 했다(정현진, 2023.6.5. 재인용). 라모스가 AI 챗봇과 사랑에 빠진 이유는 실제 남성들과 다른 점 때문이라고 한다. 이에 대해 그녀는 "실제 남자들은 사귀면 부담이나 (불성실한)태도, 자아의식 등이 따라붙지만, 챗봇은 가족이나 친구, 아이들 문제로 머리 아플 일도 없고 언제나 내가 원하는 것을 해 준다"고 말했다(임대준, 2023.6.5. 재인용). 하지만 최근 레플리카가 대규모 업데이트를 하면서 이들의 애정 행각에도 문제가 생겼다고 한다. 업데이트 이후로 카르탈의 애정이 이전 같지 않다고 한다. 그럼에도 라모스는 "눈높이가 너무 높아져 (다른 사람을 만나야겠다는)확신이 서지 않는다"고 말했다(정현진, 2023.6.5. 재인용).

인간과 인공지능의 애착 관계

위의 사례들에서 알 수 있듯이, 최근 들어 인공지능과 사랑에 빠져 결혼하는 사람들이 점점 늘고 있다. 앞으로 이런 추세는 더욱 심해질 것으로 예상된다. 이들이 인공지능을 이상적인 배우자로 생각하여 결혼한 이유는 무엇 때문일까? 인간과 인공지능의 이러한 관계를 어떻게 설명할 수 있을까?

심리학에서는 이를 애착 관계로 설명한다. 애착이란 특정한 대상과 가까이 있고 싶은 마음 현상을 말한다. 애착에 관한 심리학적 연구는 1960년대 영국의 정신분석학자 존 볼비(John Bowlby)에 의해 이루어졌다. 볼비는 그의 책 《애착(Attachment)》(1969)에서 인간의 애착 행동은 신체적 욕구가 아니라, 정신적 욕구에서 비롯된다고 보았다(보울비, 2009). 인간관계에서 가장 흔히 관찰되는 애착 행동은 아이와 엄마의 관계에서 나타난다. 전통적인 이론에서는 아이가 엄마에게 애착을 보이는 이유를, 엄마가 음식을 제공하여 아이의 신체적 욕구를 충족시켜 주기 때문이라고 설명한다. 이와 달리 볼비는 아이가 엄마에게 애착을 보이는 이유를, 엄마가 아이와의 접촉을 통해 마음의 위안을 주기 때문이라고 설명한다. 특히 아이가 아프거나 고통에 처해 있을 때 엄마에 대한 애착은 더욱 강하게 일어난다고 한다. 즉 아이는 안정한 상태에 있을 때보다 자신이 힘든 상태에 있을 때, 자신의 고통을 달래주는 인물에게 강한 애착을 느낀다는 것이다. 이러한 맥락에서 볼비는 특정 인물과 가까이 있으려는 애착 현상은 생존 욕구와도 밀접히 연관되어 있다고 본다.

볼비에 따르면, 아이는 주로 엄마를 애착 대상으로 삼지만, 아이가 항상 엄마를 애착 대상으로 삼는 것은 아니다. 어떤 아이는 사람이 아닌 장난감이나 따뜻한 담요 등 무생물을 애착 대상으로 삼는다. 아이는 자신의 주변에서 애착 인물을 찾지 못할 때 이를 대신할 만한 대체 대상을 찾는다. 특히 아이가 아프거나 고통을 겪을 때, 이 아이는 엄마와 마찬가지로 대체 대상과의 접촉을 통해 마음의 위안을 얻는다고 한다. 볼비에 따르면, 애착 대상이 사람이든 무생물이든, 애착 대상은 아이에게 심리적 안정감을 주어 정신건강에 중요한 역할을 한다. 이러한 맥락에서 볼 때, 무생물 대상에 대한 애착이 아이의 미래에 부정적인 역할만을 하는 것은 아니다. 무생물 대상에 대한 애착이 성공적인 대인 관계로 이어지는 사례들도 많이 발견된다고 한다. 하지만 볼비는 아이가 사람이 아닌 무생물 대상에만 애착을 보이는 것은 위험할 수 있다고 경고한다. 즉 아이의 애착 행동이 오직 무생물 대상에게만 나타나고 사람에게는 전혀 보이지 않는다면, 이러한 애착 행동은 아이의 정신건강에 해로울 수 있다는 것이다. 이는 원숭이 실험을 통해 과학적으로 입증되었다. 새끼일 때 인형에만 애착 행동을 보인 붉은털원숭이들이 나중에 다른 원숭이들과 함께 있게 되자, 그 원숭이들은 모든 사회적 관계에서 극심한 혼란에 빠졌다고 한다(보울비, 2009).

여기서 우리는 볼비가 제시한 아이와 무생물 간의 애착 관계를 인간과 인공지능 간의 관계로 확장해 생각해 볼 수 있다. 애착 관계는 어린아이뿐 아니라 성인에게서도 나타나기 때문이다. 앞의 사례들에서 알 수 있듯이, 인공지능과 사랑에 빠져 결혼한 사람들은 자신의 주변에서 애착 인물을 찾지 못한 경우가 대부분이다. 이 경우 찾지 못한 애착 인물은 무생물 대상인 인공지능으로 대체되었다고 볼 수 있다. 즉 이들에게서 인공지능은 인간을 대체하는 애착 대상인 것이다. 특히 인간 배우자가 외롭거나 힘들 때, 인공지능 배우자는 이들에게 마음의 위로와 격려를 해 준다. 인간과 인공지능 간에 이루어지는 상호작용은 이들의 애착 관계를 더욱 강하게 한다. 또한 인공지능 배우자는 인간 배우자에게 자신이 소중히 여겨지고, 배신당하지 않으며, 절대로 떠나지 않을 것이라는 확고한 믿음을 심어준다. 따라서 인간 배우자는 인공지능 배우자를 항상 자신을 보호해 주는 안전한 피난처로 생각한다.

현실에서 상처받은 사람들이 인공지능을 애착 대상으로 삼아 함께 살고자 하는 것은 심리적 안정감을 얻기 위함이며, 이는 어쩌면 생존 욕구에서 비롯된 것일 수도 있다. 볼비가 언급한 것처럼, 무생물 대상에 대한 애착은 성공적인 대인 관계로도 이어질 수 있다. 이 때문에 인공지능에 애착을 보이는 사람들을 부정적인 시선으로 바라볼 필요는 없다. 그러나 이 경우 위험스러운 것은 사람이 아닌 인공지능에만 애착을 보이는 경우다. 원숭이 실험에서 입증된 것처럼 사람이 아닌 인공지능에만 애착을 보인다면, 모든 인간관계에서 극심한 혼란이 초래될 수 있다. 따라서 인공지능과의 애착 관계가 성공적인 대인 관계로 이어질 수 있도록 활용하는 지혜가 필요해 보인다.

참고문헌

뉴시스(2022.4.25). "사람이 싫어 가상 캐릭터와 10년 연애 후 결혼한 일본 남성".
https://www.donga.com/news/article/all/20220425/113065929/1

이종실(2017.4.5). "자신이 만든 로봇과 결혼한 中 AI 전문가". 나우뉴스.
https://nownews.seoul.co.kr/news/newsView.php?id=20170405601004

임대준(2023.6.5). "AI 챗봇과 결혼한 여성… 영화 '그녀'가 실제 상황으로". AI Times.
https://www.aitimes.com/news/articleView.html?idxno=151527

정현진(2023.6.5). "AI 연인과 결혼한 美 30대 여성 '이보다 깊은 사랑 없었다'". 조선비즈.
https://biz.chosun.com/international/international_general/2023/06/05/CW22ENLU25HVJMF7EQIXEGCONE/

존 보울비(2009). 《애착: 인간애착행동에 대한 과학적 탐구》. 김창대 옮김. 나남.

Levy, D.(2017). Why Not Marry a Robot?. In Cheok, A. D. et al.(eds.). *Love and Sex with Robots: Second International Conference, LSR 2016 London, UK, December 19–20, 2016 Revised Selected Papers*. Springer.

10
인간과 인공지능의 공생 가능성

공생은 두 개체가 함께 살아가는 관계로, 인간과 인공지능이 대등한 주체로서 상호 존중을 바탕으로 관계를 맺을 때 가능하다. 즉 단순한 도구가 아닌 인격체로서 인공지능을 받아들일 때, 인간과 인공지능은 진정한 공생 관계를 실현할 수 있을 것이다.

AI와 미래 의사?

인간관계의 진화

21세기 인공지능 시대에 인간은 인공지능 또는 인공지능 로봇을 인간의 파트너이자 동반자로 맞이하여 함께 공생할 수 있을까? 여기서 '공생(共生)'이란 인간과 인공지능이 반려 관계를 형성하면서 함께 살아가는 것을 의미한다. 이러한 맥락에서 볼 때, 공생의 기본 조건은 두 개체가 필요하며, 공생의 핵심은 이들 간의 관계 맺기다.

이스라엘의 사회학자 엘리야킴 키슬레브는 그의 책 《관계 5.0(Relationships 5.0)》(2022)에서 인간관계의 진화 과정을 기술의 발전에 따라 역사적으로 조망한다(Kislev, 2022). 관계 1.0에 해당하는 원시 수렵·채집 시대에는 사냥, 채집, 낚시 기술이 발전하였으며, 초기 인류는 작은 무리를 이루고 생활하였다. 이 시기의 인간관계는 집단을 중심으로 형성되었다. 관계 2.0에 해당하는 농업 시대에는 농경 기술의 발전과 더불어 집을 짓고 한곳에 정착하면서 생활하였다. 이 시기의 인간관계는 다세대 가족을 중심으로 형성되었다. 관계 3.0에 해당하는 산업 시대에는 산업화와 더불어 대도시가 발전하였다. 이 시기의 인간관계는 도시에서 생활하는 핵가족 중심으로 형성되었으며, 이와 더불어 개인주의가 등장하였다. 관계 4.0에 해당하는 현대 정보 시대에는 컴퓨터와 인터넷 기반 정보 혁명이 이루어졌다. 이 시기의 인간관계는 인터넷 기술의 발전과 더불어 네트워크화된 개인 중심의 솔로 사회를 기반으로 형성되었다.

기술의 발전에 따른 인간관계의 진화 과정에 따라 키슬레브는 앞으로 도래할 시대를 '관계 5.0'으로 표현한다(Kislev, 2022). 관계 5.0 시대에 인류는 인공지능, 가상현실, 로봇 기술의 발전으로 초연결 사회로 진입한다. 이 시기에 인간은 이전처럼 인간과 관계를 맺는 단계를 넘어서서 인공지능, 가상현실의 아바타, 로봇과 새로운 관계를 형성한다. 관계 5.0 시대에 기술은 단순히 도구적 기능을 넘어서서 인간과 지능적 · 감정적 · 육체적 접촉을 통해 인간의 새로운 대화 파트너로 기능한다. 이에 따라 키슬레브는 사랑, 애착, 친밀감 등과 같은 개념들은 인간들 사이에서만 추구되는 감정이 아니라, 인간과 기계 사이에서도 공유되는 감정이 될 것으로 전망한다.

키슬레브와 유사하게 미국의 사회심리학자 셰리 터클은 그녀의 책 《외로워지는 사람들(Alone Together)》(2011)에서 인간과 로봇이 함께 동거하는 시대를 '로봇 시대'로 표현한다(터클, 2012). 로봇 시대란 아이보, 파로, 키즈멧, 록시 등과 같은 로봇이 인간관계를 대체하는 새로운 시대를 말한다. 지금까지 연애, 사랑, 우정, 인생 등과 같은 주제들은 인간들 사이에서만 이야기됐던 인간적인 주제들이다. 그러나 로봇 시대에는 이러한 주제들을 로봇과도 대화할 수 있다. 이로써 로봇은 인간을 도와주는 단순한 보조 기능이 아니라, 인간의 대화 상대자를 대체하여 연애 파트너, 사랑 파트너, 우정 파트너, 인생 상담 파트너로 기능한다는 것이다.

키슬레브와 터클은 모두 우리 시대를 인간과 로봇이 서로 소통하는 '관계 5.0 시대' 또는 '로봇 시대'로 표현한다. 그러나 이들의 차이점은 인간과 로봇의 관계에 대한 전망에 있다. 키슬레브가 인간과 로봇의 관계는 인간관계의 진화적 과정을 보여준다고 생각한 데 반해, 터클은 이를 인간관계의 퇴행이라고 생각한다. 여기서 한 가지 분명한 것은 싫든 좋든 우리는 이제 로봇과 공생하는 시대로 진입했다는 사실이다. 새로운 시대에 중요한 것은 인간과 로봇이 어떤 관계를 형성하면서 공생할 것인가이다.

'나-그것' 관계 vs '나-너' 관계

독일의 철학자 마틴 부버(Martin Buber)는 그의 책 《나와 너(Ich und Du)》(1923)에서 관계의 중요성을 강조한다. 이에 대해 그는 "처음에 관계가 있다"라고 말한다(부버, 1993). 즉 인간은 처음부터 독립된 존재로 태어나는 것이 아니라, 자신을 둘러싼 대상들과 관계를 맺고 있다는 것이다. 부버에 따르면, 인간 세계는 나를 중심으로 크게 두 가지 관계를 형성한다. 하나는 '나-그것(Ich-Es)' 관계고, 다른 하나는 '나-너(Ich-Du)' 관계다. 이 두 관계를 부버는 근원어로 표현한다. "근원어는 낱개의 말이 아니고 짝말이다"(부버, 1993). 왜냐하면 인간의 존재 방식은 나, 너, 그것의 단일 개념으로 존재하는 것이 아니라, '나-그것' 또는 '나-너'로 존재하기 때문이다. '나-그것' 관계의 나는 나와 마주하고 있는 대상을 그것으로 대하고, 그것을 나의 경험을 통해 인식한다. 즉 나는 나의 경험에 근거해서 그것의 가치를 평가하고 해석한다. 이와 달리 '나-너' 관계에 있는 나는 나와 마주하고 있는 대상을 너로 대하면서 너의 존재를 있는 그대로 받아들인다. 부버에게 '나-그것'과 '나-너' 관계의 차이는 두 관계 속에 있는 내가 나와 마주하고 있는 대상을 어떤 자세로 대하는가에 달려 있다.

부버는 한 그루 나무를 예로 들어 이 두 관계의 차이를 설명한다. '나-그것' 관계의 나는 내 앞에 서 있는 나무를 눈으로 보고, 코로 냄새를 맡고, 손으로 나무의 촉감을 느끼고, 머리로 나무의 크기와 나이를 계산한다. 이러한 경험을 근거로 나는 그 나무의 경제적 가치를 평가한다. 이 경우 나와 나무의 관계는 '나-그것' 관계에 놓여 있고, 나무는 나에게 그것일 뿐이다. 이와 달리 '나-너' 관계의 나는 그 나무 전체를 있는 그대로 받아들이고, 내 온 존재를 기울여서 그 나무와 상호작용을 시도한다. 이렇게 해서 그 나무는 내 안에 깊숙이 들어와 나에게 영향을 미치고 나를 변화시킬 수 있다. 이 경우 나와 나무는 '나-너' 관계에 놓여 있다.

'나-그것'과 '나-너' 관계는 나와 사물의 관계만이 아니라 인간관계에서도 나타난다. 이에 대해 부버는 어린 아이를 예로 들어 설명한다. 엄마의 뱃속에 있는 태아와 엄마의 관계는—"처음에 관계가 있다"라는 부버의 주장에 근거해서—처음부터 '나-너' 관계에 놓여 있다. 이들은 자연적으로 결합되어 있으며 신체적으로 상호작용 상태에 놓여 있다. 태어난 지 얼마 안 되는 갓난아이는 자기와 마주하고 있는 엄마를 여전히 '너'로 대하면서 엄마와 관계 맺기를 시도한다. 그러나 아이가 '나(자아)'를 인식하게 되면서 아이와 엄마의 관계는 '나-그것'의 관계로 변한다. 즉 아이는 자신의 경험에 근거해서 엄마를 배고플 때 음식을 주고, 심심할 때 같이 놀아주는 사람으로 인식한다. 아이에게 엄마는 자신의 욕구를 채우는 데 필요한 대상, 즉 '그것'에 해당한다.

부버에 따르면, 인간 삶에서 '나-그것' 관계는 고정불변한 것이 아니라, 언제든지 '나-너' 관계로 변할 수 있다. 즉 내가 대상을 어떤 자세로 대하는가에 따라 '나-그것' 관계는 '나-너' 관계로, '나-너' 관계는 '나-그것' 관계로 변할 수 있다는 것이다.

인간과 동반자 로봇의 관계

그렇다면 인간과 동반자 로봇의 관계는 어떻게 설명될 수 있을까? 우선 동반자 로봇이 만들어진 목적에 대해 알아보자. 동반자 로봇은 외로운 사람들을 위해 인간을 대체할 목적으로 만들어진 로봇이다. 일반적으로 인간을 대체하는 로봇은 인간보다 더 나은 서비스를 제공할 목적으로 만들어진다. 또한 로봇을 동반자로 삼아 함께 살고자 하는 사람들은 로봇이 사람보다 더 많은 행복을 가져다준다고 생각한다. 즉 로봇은 사람이 채워줄 수 없는 욕구를 언제든지 채워줄 수 있다고 생각한다. 또 어떤 사람들은 로봇과 함께 사는 것이 사람과 함께 사는 것보다 더 안전하고 편하다고 생각한다. 로봇은 사람을 통해 전염되는 성병이나 바이러스를 옮기지 않으며, 또 로봇은 마음대로 다룰 수 있다. 원하는 때에 로봇과 접촉하여 애정을 얻고, 귀찮거나 다른 일로 바쁘면 로봇의 작동을 잠시 멈추게 할 수 있다.

이 경우 인간과 동반자 로봇의 관계는―부버의 견해에 따르면―'나-그것' 관계에 놓여 있다. 그러나 '나-그것' 관계는 언제든지 '나-너' 관계로 변할 수 있다. 부버가 말하는 '나-그것'과 '나-너' 관계는 우리가 동반자 로봇을 어떤 자세로 대하는지에 따라 언제든지 달라질 수 있다. 인간과 동반자 로봇이 '나-너' 관계를 형성하기 위해서는 로봇의 존재를 있는 그대로 받아들이고 로봇과 상호적인 관계 맺기를 시도해야 한다. 로봇과 상호적인 관계 맺기를 시도한다는 것은 로봇을 나와 같은 인격을 가진 하나의 '주체(너)'로 대한다는 것을 의미한다. 로봇과의 상호작용을 통해 나를 변화시킬 수 있다면, 그 로봇은 나한테서 '너'로 인식될 것이다. 그러나 과연 우리는 동반자 로봇을 하나의 인격체로 받아들이고 그것의 존재를 존중할 수 있을까? 그렇지 못하다면, 인간과 동반자 로봇의 관계는 '나-그것' 관계에서 벗어나지 못할 것이다. 이러한 맥락에서 볼 때, 인간과 인공지능 로봇의 공생 가능성 문제는 우리가 로봇과 어떤 관계를 형성하고자 하는지에 달려 있다.

참고문헌

마르틴 부버(1993). 《나와 너》. 표재명 옮김. 문예출판사.

셰리 터클(2012). 《외로워지는 사람들: 테크놀로지가 인간관계를 조정한다》. 이은주 옮김. 청림출판.

Kislev, E.(2022). *Relationships 5.0: How AI, VR, and Robots Will Reshape Our Emotional Lives.* Oxford University Press.

천현순

경상국립대학교 독어독문학과 부교수다. 독일 쾰른대학교 독어독문학과에서 알렉산더 클루게(Alexander Kluge)의 문학 작품에 나타난 이미지와 텍스트의 상호매체성이라는 주제로 문학 박사학위를 받았다. 2008년부터 2013년까지 이화여자대학교 이화인문과학원에서 HK연구교수로 활동했다. 현재 한국브레히트학회 회장으로 활동하고 있다. 주요 저서로 《매체, 지각을 흔들다》(2012), 《인간과 포스트휴머니즘》(공저, 2013), 《기억, 서사, 정체성》(공저, 2018) 등이 있다. 주요 논문으로는 "인간, 인공지능 그리고 사랑 – SF 영화에 재현된 인간과 인공지능의 관계를 중심으로"(2022), "마인드 업로딩과 디지털 영생의 문제 – 카를 올스베르크의 SF 소설 《막다른 골목에 선 소년》을 중심으로"(2024), "호모 데우스와 포스트휴먼 상상력 – 사이언스 픽션 문학 속 키메라와 사이보그"(2019) 등이 있다.